바람을 품은 돌집

건축가의 여행
바람을 품은 돌집 HIMALESQUE
ⓒ 김인철, 2014

초판 1쇄 펴낸날   2014년 3월 30일
지은이   김인철
펴낸이   이상희
펴낸곳   도서출판 집
디자인   땡스북스 스튜디오

출판등록   105-91-82514 2013년 5월 7일
주소   서울 마포구 동교로 47-15 402호
전화   02-6052-7013
팩스   02-6499-3049
이메일   zippub@naver.com

ISBN   979-11-952334-0-3 03610

건축가의 여행

김인철

바람을 품은 돌집
HIMALESQUE

해외여행이 자유화되기 전 바깥세상을 구경하는 것은 특별한 경우였다. 1989년 일본 전시를 준비할 때 만났던 동년배 일본 건축가들과의 대화에서 늘 한 수를 접어야 했던 것은 해외 건축에 관한 경험치였다. 20대에 이미 파르테논을 본 그들과 40대에 들어서야 그리스를 갈 수 있었던 우리는 그만큼의 시차를 안고 건축을 이야기해야 했다. 지금은 옛 일이 되어 마음만 먹으면 언제라도 실행할 수 있는 일이 되었지만 단수여권을 들고 세계의 이곳저곳을 기웃거렸던 기억은 특별한 것이었다.

건축의 고전과 현대의 결과들을 살피며 허겁지겁 다니던 여행이 차분해지기 시작한 것은 르코르뷔지에의 흔적을 찾아 갔던 인도기행부터였다. 토양이 다른 세계에서 이루어진 건축을 살피려던 의도는 인도라는 문명과 마주치며 건축의 원초적인 본질을 탐색하는 여정으로 바뀌었고 방글라데시에서 만난 루이스 칸의 작업에서 그 해답을 보게 되었다. 칸의 엄정성을 그다지 좋아하지 않았으나 그가 만든 결과는 감동을 일으키기에 충분했다. 현지의 거친 손질과 관계없이 그의 생각은 대륙의 간극을 공간이라는 하나의 본질로 이어 주고 있었다.

곳곳의 풍토와 건축 그리고 그것으로 이루어진 문화의 풍경을 바라보는 동안 그곳에 나의 생각도 함께 자리할 수 있다면 좋지 않을까라는 생각이 들었다. 이미 서구와 일본의 건축가들이 작업을 하고 있었기 때문이 아니라 이질적인 풍토에서 내 생각이 어떤 가치를 얻을 수 있는지 실험해 보고 싶었기 때문이다. 그동안 다듬어 온 공부와 생각이 객관화 되어 평가되려면 우리의 기준이 아닌 좀 더 보편적인 관점이 필요했다.

건축을 보는 여행에서 건축을 만드는 여행으로 방향을 바꾸는 일은 쉽지 않았다. 해외의 주문을 받을 만큼 인정받지도 못했고 수주 활동을 할 만큼의 재주도 없었다. 기회를 만들어야 했다. 마침 해외의 포교와

봉사 활동을 전개하고 있는 원불교의 박청수 교무에게 일을 만들자고 채근했다. 2005년에 떠난 중앙대의 졸업 여행으로 인도의 라다크 교당에 지은 흙집 암자는 최초의 해외 프로젝트이자 하나의 실습이었다. 비록 열흘간의 짧은 작업이었지만 학생들과 함께 들어올린 수 백 장의 흙벽돌은 낯선 곳에 제안한 내 생각을 실물로 보여 주었다.

라다크의 기억이 가물거리고 있을 즈음 박 교무로부터 캄보디아의 교당을 만들어 달라는 본격적인 주문이 왔다. 예상하지 않았던 한류의 확산으로 교당의 공간을 확장하게 된 것이다. 캄보디아를 오가며 열대와 온대의 차이를 해결하는 실험을 벌이던 중 또 하나의 일을 맡게 되었다. 세계 문화유산인 앙코르와트 지역의 정비를 목적으로 하는 사업을 평소 이곳의 문화에 관심을 기울였던 한국의 독지가가 시행하게 되어 내게 프로젝트로 찾아 왔는데 올해 말 완공을 목표로 현장작업을 진행하고 있다. 생각해 보면 건축의 수출은 건축 이전의 과제들이 선행되어 바탕이 마련되어야 가능한 일이다.

캄보디아의 원불교 교당이 '크메레스크'라는 이름으로 완성되고 난후 MBC로부터 네팔의 오지에 방송국을 만드는 일을 제안 받았을 때 우연이 아닌 필연으로 느꼈다. 그것은 캄보디아의 여운이 채 가라앉지 않고 있었기 때문이었을 것이다. 수시로 비행기 추락사고가 일어나는 히말라야의 오지에 오르는 일은 마치 탐험과 같았다. 안나푸르나 넘어 무스땅을 여섯번 오가며 17개월의 작업 과정을 기록으로 남기려는 것은 비록 오지의 작은 건축이지만 그 땅과 내가 교감했던 이야기를 정리해 두기 위함이다.

히말라야와 무스땅을 찾아보려는 목적을 갖지 않는다면 아무나 함부로 갈 수 없는 곳이기에 기록으로나마 그곳에서의 작업이 치렀던 시작과 과정과 결과를 소개하려고 한다. 건축가의 여행이 어떤 일이었는지를….

차례

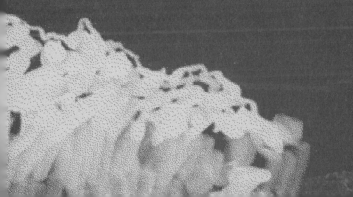

시작

시작

2012년 5월 어느 날 연세대의 최문규 교수가 흥미 있는 제안을 했다. 모 방송국에서 네팔의 오지에 FM 라디오 방송국을 세우려 하는데 설계를 맡아 줄 건축가를 찾고 있단다. 본인이 하면 되지 않은가 되물었더니 자신이 직접 나서기에는 곤란한 입장이란다. 더구나 재능 기부의 형식을 원하고 있어서 형편의 여유와 오지의 건축에 대한 흥미를 갖고 있는 건축가를 찾는다는 것이다. 마침 캄보디아의 원불교 교당, 크메레스크Khmeresque를 발표했던 나를 만나자 적임자를 찾은 듯 반가워했다. 나는 2011년 캄보디아의 바탐방Batdambang 지역에 들어설 원불교 교당인 크메레스크를 설계해 완공했다. 캄보디아의 약한 지반 때문에 건물의 하중이 최소화될 수 있도록 속을 비운 현지의 중공벽돌을 응용해 설계했다.

　건축은 땅을 다루는 작업이다. 땅이 갖고 있는 내력을 어떻게 풀어낼 것인가에서 건축은 시작된다. 그 땅의 풍토는 건축을 세우는 재료를 결정할 뿐만 아니라 그곳의 환경에 적응하는 방법을 담아 건축의 형식까지 결정하는 절대적인 요소로 작용한다. 땅의 조건에 따라 건축의 모습도 다르게 되는데 이런 차이로 지역성이 나타난다. 그리고 그 땅의 특질과 기후, 그 땅에서 전개된 역사, 그 땅과 함께 영위된 문화 등이 농축되어 소위 말하는 전통이 된다. 풍토와 전통의 관계를 살피는 일은 흥미로운 작업이다.

　인도의 라다크Ladakh와 중국의 티베트Tibet에서 히말라야의 분위기를 경험한 기억이 있기에 네팔의 고원이 그리 낯설지 않았으나, 그곳에는 그곳만의 무엇이 있어 새로운 전통과 또 다른 건축을 경험할 수 있지 않을까라는 호기심이 생겼다. 게다가 재능 기부 형식이니 의미도 있겠다고 생각했다.

　며칠 후 MBC 글로벌사업본부 문화콘텐츠사업국 강영은 부장을 만났다. 강 부장의 설명을 들어 보니 한국국제협력단Korea International

사진 1
히말라야 산맥 서쪽에 자리한 인도의 라다크

사진 2
히말라야 산맥 동쪽에 자리한 중국의 티베트

2012/05/02　연세대 최문규 교수로부터 네팔방송국
　　　　　　설계 제의 받음

그림 1
히말라야 산맥의
중앙에 자리한 네팔

그림 2
한반도 지도에
네팔의 지도를 겹친 모습

1

파미르
라다크
아프카니스탄
카슈미르
중국
파키스탄
쿠마온
북위 30°
네팔
시킴 부탄
방글라
데시
북회귀선
인도
벵골 만
500 Km

2

무스탕
카트만두
0   100km

Cooperation Agency, 이하 KOICA의 개발도상국 지원 사업으로 MBC가 주관하고 LG패션이 후원하는 프로젝트다. 공식 명칭은 "세상에서 가장 아름다운 방송국"이란다.

국가 간의 공식적인 지원 사업에 참여하게 된 셈이다. 개인적인 관심을 넘어 나라의 체면이 걸린 문제이니 설계의 아이디어를 제공하는 정도로 대충 할 일이 아니었다. 대신 조건을 붙였다. 디자인의 최종 결정권은 내게 있어야 한다는 것, 건축의 전 과정을 다큐멘터리로 제작 방영해야 한다는 것. 강 부장은 당연히 그럴 것이며 또 방송국이 하는 일이니 염려 말라고 약속했다.

네팔은 히말라야 산맥의 3분의 1 정도를 차지하며 산맥의 중앙에 자리한다. 히말라야 산맥에 솟아 있는 열넷의 8000미터 급 고봉 중 아홉 고봉이 네팔에 있다. 힌두교를 국교로 정하고 있으나 불교가 공존하는 곳, 남쪽의 인도아리안계Indo-aryan와 북쪽의 티베트계Tibetan가 어울려 있는 나라이다. 공간감을 익히기 위해 지도를 겹쳐 보면 네팔은 마치 한반도를 옆으로 누인 것과 비슷하다. 면적은 한반도보다 작아서 3분의 2 정도이고 수도인 카트만두Kathmandu는 대전쯤 된다. 방송국이 들어서게 될 무스땅 Mustang 지역은 금강산 부근에 해당한다.

무스땅은 네팔의 히말라야 권역에 속해 한때 왕국을 이루었던 곳이다. 그러니 네팔과는 다른 그곳만의 이야기를 갖고 있을 것이 분명했다. 캄보디아의 경우처럼 새로운 경험과 결과를 상상하며 일을 맡기로 했다. 낯선 풍토에서 작업하며 생각의 폭을 넓힐 수 있었던 캄보디아에서의 경험이 네팔에서 또 한 번의 시도를 감행하게 하는 촉매 작용을 했다. 크메레스크처럼 남의 경우를 빌어 한 번 더 나를 확인하는 건축 여행을 하는 것이다.

2012/05/07 MBC 강영은 부장에게 "세상에서 가장
아름다운 방송국"에 관한 이야기를
듣고 재능 기부를 결정

크메레스크

2007년 여름, 졸업 여행 중이던 학생들과 함께 인도북부의 라다크에서 현지의 흙벽돌로 작은 암자를 실습하듯 지어 본 적은 있지만 캄보디아의 지방도시인 바탐방에 만든 크메레스크는 첫 번째이자 본격적인 해외 작업이었다.

소승불교의 나라 캄보디아에 대승불교의 갈래인 원불교 교당을 세우는 일을 하면서 종교·건축·풍토의 의미에 대해 여러 생각을 하게 되었다. 무엇보다 종교 건축이 가져야 하는 상징성과 풍토와 결합해야 하는 건축의 일상성을 어떻게 만나게 해야 하는지가 숙제였다. 캄보디아에서는 외래 종교의 입장이 되는 원불교를 물리적으로 이식하기보다 현지의 조건과 결합되면서 자연스럽게 융합할 수 있도록 하고 싶었다. 그러기 위해서는 열대지역인 바탐방의 역사와 문화, 자연과 일상에서 주제를 찾아야 한다고 생각했다.

사진
공간을 열어서 바람을 통하게 하고 내외를 완고히 구분하지 않은 원불교 캄보디아 교당 크메레스크

건축적으로 해결해야 하는 것은 교당과 교직자의 편의가 아니라 캄보디아 사람들에게 익숙한 표정과 질감이다. 그것을 무엇으로 어떻게 구성할 것인지 열대 기후 지역들을 찾아 궁리했다. 열대 기후 지역의 토속건축은 대개 목재로 틀을 짜고 바닥을 들어올린 고상高床 주거이다. 실내는 매우 어둡고 창은 환기를 위한 작은 구멍에 지나지 않는다. 실내는 눅눅한 어둠의 공간이지만 대나무와 야자 잎으로 벽을 성글게 둘러쳐 그리 덥지 않았다. 열대의 더위를 극복하는 방법은 태양의 열기를 가리는 그늘이다.

종교 공간은 사람이 모이는 곳이다. 열대 기후에서 더위를 피할 수 있는 그늘은 사람을 모을 수 있는 최적의 장소이다. 햇볕을 가리는 양산처럼 커다란 지붕을 만들어 그늘지게 하면 사람이 모이는 공간이 될 것이라 상상했다. 그늘만으로 공간이 이루어진다면 바닥과 벽은 최소한의 장치만으로도 충분하다. 공간을 벽으로 막아 가두기보다 열어서 바람을 통하게

하면 기계적인 냉방을 하지 않더라도 불편하지 않을 것이라 판단했다. 법당의 기능은 거주가 아닌 집회의 용도이므로 현지의 보편적 방법처럼 내외를 완고히 구분하지 않아도 문제되지 않을 것이다.

빠듯한 예산의 압박이 아니라하더라도 현지의 재료와 기술만으로 완성하려고 한 것은 낯선 마감과 어려운 상세로 볼거리를 만드는 것이 아니라 친숙한 분위기를 만들어 일상의 감각으로 다가가는 것이 오히려 원불교의 자리 잡기에 도움이 될 것이기 때문이다.

땅의 형국과 기후의 조건이 전혀 다른 곳에서의 작업이라 어쩔 수 없는 시행착오를 겪기도 했다. 캄보디아는 열대 기후로 나무가 많다. 이 풍부한 나무들을 사용할 생각을 하고 이번 기회에 본격적인 목구조를 시도하리라 작정했으나 물거품이 되고 말았다. 열대의 우림은 건축 부재가 되지 못하는 잡목이다. 거목들은 모두 보호 대상이어서 사용할 수 없다. 설혹 밀림 깊숙이 들어가 벌목을 하더라도 도로가 없어 운반이 불가능하다는 나라의 사정도 목재를 사용할 수 없는 이유였다.

현지에서는 철근콘크리트 구조가 일반적이었고 칸막이 벽은 벽돌을 쌓아 안팎을 모르타르로 바른 위에 타일, 또는 페인트로 마감하는 방식이 대부분이었다. 작은 규모의 단층 건물에도 조적조가 아닌 철근콘크리트 구조를 사용하는데, 이것은 귀한 목재를 손쉬운 콘크리트로 대체한 그들의 현실적인 지혜였다. 몇몇 공사장을 살펴보니 콘크리트 기둥과 보는 3, 4층 규모임에도 모두 일정한 규격으로 마치 목재처럼 사용하고 있었다.

그러나 최소 단위라고 생각해 기둥은 300×300밀리미터, 보는 300×450밀리미터로 그렸는데도 설계도를 살피던 현지의 시공자는 기둥과 보의 단면을 줄일 수 없는지 물었다.

"지반이 연약해서 건물이 무거우면 파일 기초로 지반을 보강하더라

도 집이 가라앉을 수 있다."

　　해저가 융기한 지반에 메콩 강이 실어 온 토사가 쌓여 지층이 형성된 인도차이나는 무른 땅이다. 이곳의 토속 건축이 얼기설기 엮인 허름한 모습을 하고 있는 것은 더위와 가난 때문만이 아니라 가벼워야 하는 본질적인 이유도 있는 것이다.

　　진흙을 구워 만든 이곳의 벽돌은 원형 또는 사각형으로 속을 비운 경량벽돌이다. 벽돌은 하나하나 쌓여 건물의 중력을 감당하는 구조재이다. 그러나 벽이 힘을 받지 않게 되면 벽돌은 조적조의 원리에 구속되지 않을 수 있다. 벽돌의 구멍은 하나의 힌트였다. 벽돌 쌓기의 방향을 바꾸어 구멍을 보이게 하고 그 위에 미장을 하지 않으면 숨 쉬는 벽을 만들 수 있고, 또 그것만으로 건물의 색과 형태가 완성될 것이 분명했다.

　　구멍 뚫린 벽돌을 허튼 모양으로 쌓는 설계에 원불교 교무는 물론

017

원형 또는 사각형으로 속을 비우고
진흙을 구워 만든 경량벽돌

시공자도 난색을 표했지만 모기와 도마뱀은 벽을 막아도 들어오는 이곳의 일상이니 문제가 될 수 없고, 허튼 모양은 줄을 맞추지 않으면 되는 것이니 오히려 쉬울 것이라 설득했다. 구멍으로 열린 벽은 캄보디아 최초의 현대 건축가라 불리는 반 몰리반Vann Molyvann, 1926~의 건축을 답사하고 난 뒤 더욱 확신을 갖게 되었다. 그 역시 중공 블록을 사용해 바람과 빛이 스미는 벽을 공간의 주제로 세워 놓고 있었다. 열대지역에 대한 통념적인 지식과 예상은 그릇된 선입관에 지나지 않았다. 풍토에서 나온 그곳의 전통적 방법론에 다가가기 위해 필요한 것은 그동안 익숙해 있던 고정 관념을 버리는 것이었다.

바탐방은 앙코르 유적이 있는 시엠립Siem Reap에서 차로 두 시간 정도를 가야 한다. 이 두 시간여의 노정은 끝없는 지평선의 평원을 따라가는 풍경이다. 지평선은 하늘과 땅을 둘로 나눈다. 청색과 녹색의 경계가 모호한 우리의 풍경을 생각하면 이곳의 공간은 분명 우리와 다르다. 환경은 인간의 사고뿐만 아니라 공간을 인지하는 감각을 결정한다. 그 때문일까 산과 산으로 둘러진 우리 땅의 건축이 열린 형식을 하고 있다면 이곳 광활한 평원의 건축은 닫힌 자세를 취한다. 우리의 공간이 외부를 내부처럼 사용하는 모습으로 진화된 것은 손에 잡힐 듯 시야에 들어오는 풍경과 계절마다 변하는 자연을 한껏 담으려는 것이고 이들이 안과 밖을 뚜렷이 구분한 것은 지루한 풍경을 잊고 작열하는 태양으로부터 숨으려는 방법일 것이다.

건축은 풍경에 놓여 또 다시 풍경을 만드는 요소가 된다. 열대의 풍경에 어떤 풍경을 더해야할지 생각을 다듬은 결과가 크메레스크이다.

네팔

답사

2012년 6월 4일 실무를 맡을 아르키움의 조준영 군과 함께 MBC와 LG의 관계자 그리고 방송 엔지니어, 다큐멘터리 제작담당 프로듀서들과 네팔로 향했다. 카트만두의 뜨리부반 국제공항에 내리자 프로젝트의 시행을 맡은 삼부토건 네팔 법인의 이경섭 씨가 일정을 함께할 가이드와 함께 기다리고 있었다. 삼부토건은 40여 년 전부터 네팔에 진출해 각종 토목 사업과 건축 공사를 하고 있었다. 이경섭 씨는 33년째 삼부토건의 네팔법인 지사장으로 있으면서 10년 넘게 네팔교민회의 회장을 맡았을 만큼 현지의 사정을 정확히 파악하고 있는 네팔 전문가다.

우리는 먼저 대사관을 찾아 대사와 인사를 나누고 KOICA의 담당자를 만났다. KOICA는 네팔에서 단순 자원봉사부터 각종 장비를 지원하거나 시설을 제공하는 일까지 구석구석에서 많은 사업을 전개하고 있었다. 우리 건축계가 해외로 진출할 맥을 잡지 못해 주춤거리고 있는 동안 이미 해외로 한국 건축을 내보내고 있었다. 건축가의 선정이나 공사의 방법 등 과정이 궁금했으나 KOICA의 네팔 소장인 도영아 씨는 한국의 본부에서 하는 일이어서 알 수가 없다고 했다. 현지 사무소는 지원 사업의 선정과 집행을 담당하고 있을 뿐이란다. 답사를 마치고 한국에 돌아가면 사정을 알아봐야겠다고 마음먹었다. 우리는 방송국 건립 예정지인 좀솜 Dzongsam, Jomsom의 상황을 확인한 뒤 부지 답사와 양해 각서 체결 등 현지 일정을 조정했다.

'풍요의 여신'을 의미하는 안나푸르나Annapurna의 트레킹 거점인 좀솜에 들어가려면 뽀카라Pokhara를 거쳐야 한다. 뽀카라는 예전에 금강산으로 들어가는 관문이었던 철원쯤에 해당하는 곳이다. 카트만두에서 네팔의 첫 밤을 지낸 다음날 도영아 소장과 이경섭 회장 그리고 현지인 가이드 니르 구룽Nir Gurung이 합류한 일행은 국내선 프로펠러기에 올라 히말라야의

사진 1
뽀카라의 신시가지 모습

그림 2
아홉 개의 8000미터 급
고봉이 있는 네팔

2012/06/04   카트만두에 도착한 후 대사관을 먼저
방문하고 KOICA 담당자를 만나 일정 협의

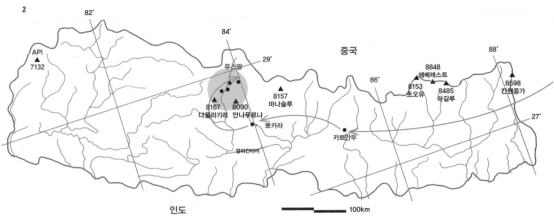

사진 1
네와르 양식의 상가주택

그림 2
네와르 양식의 지붕 틀 상세

풍경을 오른편에 두고 서쪽으로 30분 정도 비행한 후 뽀카라에 도착했다.

대관령과 비슷한 고도인 해발 800미터에 자리한 뽀카라는 세계에서 모여 든 트레커들로 작은 국제도시 같다. 인도의 북부와 연결된 아열대 기후의 뽀카라는 네팔에서 두 번째로 큰 페와Phewa 호수와 안나푸르나 연봉의 풍광을 배경으로 지금은 관광과 휴양지로 유명하다. 한때는 세계에서 모여든 히피들로 유명했다.

좀솜에 가기 위해서는 이곳에서 하루를 더 머물러야 한다. 좀솜으로 올라가는 경비행기는 오전 6시에서 9시 사이에만 운항되기 때문이다. 수영장까지 갖춘 아담한 호텔에 짐을 풀고 호수를 따라 형성된 신시가지의 상가와 식당들을 둘러보았다. 트레킹과 레저 스포츠 관련 상점들이 많이 보이고 각국의 식당과 클럽의 간판이 즐비한 가운데 한국식당도 몇 곳 눈에 뜨인다. 구경하면서 이 회장과 구릉으로부터 네팔의 여러 이야기를 들었다. 특히 가이드 구릉은 경기도 안산의 공장에서 5년간 일한 경력이 있어 우리말을 능숙하게 구사했을 뿐만 아니라 이곳의 풍습과 지명의 유래 등을 인문학적으로 자세히 설명해 주어서 네팔을 이해하는 데 많은 도움이 되었다.

관광객이 오가는 신시가지의 들뜬 분위기와 달리 구시가지는 주민들의 일상이 묻어나는 차분한 분위기이나 기대와 달리 전통의 흔적은 그다지 남아 있지 않다. 거리의 곳곳에서 힌두사원과 불당들을 볼 수 있어서 그나마 토속적인 느낌이 난다. 최근에야 전통 건축을 보존할 경우 보조금을 지원하는 제도가 만들어져 훼손의 속도를 늦추게 되었다고 한다. 마침 전통 건축이 몇 남아 있는 거리가 눈에 뜨여 차를 멈추고 다가가 보았다.

네와르Newar 양식이라 불리는 이곳의 건축은 목조와 조적조가 혼합된 형식으로 대부분 2층 또는 3층 규모다. 과거 인도와 티베트를 잇는 교

1

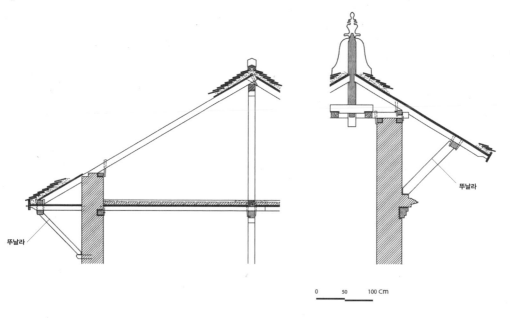

2

뚜날라

뚜날라

0   50   100 Cm

역의 중심지였던 때문인지 1층은 상점이 되고, 2층과 3층은 주거로 사용하는 일종의 주상복합건축이다.

　　서구의 중세 건축이 가로에 면해 폭은 좁고 안으로 깊게 만든 것과 대조적으로 네와르의 건축은 같은 조적조인데도 폭이 넓고 깊지 않다. 그것은 이곳의 건축이 조적조이더라도 나무를 엮어 세우는 가구조의 기본 형식을 뼈대로 삼고 있기 때문일 것이다. 한편으로는 대가족제를 유지하는 도시형 주거 형식이거나 잡화를 거래하는 상업 건축의 특성이 아닐까 하는 생각이 들기도 했다. 기와가 얹혀 있었을 지붕은 함석으로 바뀌어 있지만 처마를 지탱하는 구조는 목재를 내밀어 쌓은 공포 형식이 아니라 뚜날라Tunala라 부르는 버팀목이 지지하는 독특한 형태다. 지붕 속 공간을 다락과 같은 수납공간으로 쓰기 위해 구조를 단순하게 구성한 것이 아닐까 추측해 본다. 공포와 같은 구조적 장식이 없는 대신 붉은 벽돌의 조적 방식을 응용해 벽면의 모양에 변화를 준 기교와 정교한 장식, 조각된 목조창의 표정이 상당히 색달라 보인다. 이들 전통 양식 나름의 관록이 드러난다.

　　관록 있어 보이는 네팔의 전통 건축도 훌륭하지만 뽀카라의 하이라이트는 역시 55킬로미터에 걸쳐 있는 안나푸르나의 연봉이 손에 잡힐 듯 가까이 다가오는 자연의 풍광이다. 그중에서도 안나푸르나 제3봉(7,555미터)에서 남쪽으로 떨어져 나와 더 가깝게 보이는 '물고기 꼬리'를 뜻하는 마차뿌츠레Machhapuchhre(6,998미터)는 시가지의 곳곳에서 하얗게 빛나며 우리의 시선을 끌어당긴다. 페와 호수에서 뱃놀이를 하거나 식당의 테라스에 앉았을 때도 마차뿌츠레는 나를 보라는 듯 꼬리를 흔든다. 평소 산에 오르는 친구들에게 올랐다 내려올 것을 무얼 그리 기를 쓰고 오르는 가라고 농담을 하곤 했는데 마차뿌츠레의 모습은 과연 저곳 정상의 느낌이 어떤지 느껴보고 싶다는 생각을 하게 한다. 그러나 '물고기 꼬리'는 등정이 금

사진
마차뿌츠레

지된, 그래서 처녀봉이라 불리는 오를 수 없는 산이어서 실없이 오르자는 객기를 부려 보아도 그것으로 그만이다.

3시간 15분인 애매한 시차 때문에 일찍 눈이 떠져 하릴없이 침대에서 뒤척이다가 창을 가린 커튼을 젖혔을 때 새벽의 어스름 속에서 어슴푸레 나타난 봉우리의 모습은 마치 영화의 한 장면이다. 한참을 망연히 바라보다 습관처럼 카메라를 잡았는데 이리저리 노출을 맞추어 보았지만 좀처럼 눈에 보이는 느낌과 같은 그림을 잡을 수가 없다. 카메라를 만지고 있는 중에 어느 순간부터 '물고기 꼬리'의 꼭지가 하얗게 빛나기 시작했는데 그 광경에 절로 숨이 멎었다. 일출과 함께 마차뿌츠레는 위에서 아래로 지구의 그림자를 벗으며 처녀의 신비한 자태를 하얗게 드러내고 있었다. 한동안 넋을 잃고 바라보기만하다가 다시 파인더를 들여다보았지만 쓸데없는 짓이었다. 자연은 기계로 감당할 수 있는 것이 아니다. 결국 카메라를 놓고 서툴더라도 스케치북을 잡아야 했다.

건축 순례 배낭여행을 떠나는 학생들에게 카메라를 집어넣고 스케치를 하라는 주문을 내리면서도 정작 나는 이런저런 핑계를 대며 편리한 기계를 놓지 못했는데 이날 새벽에야 그 해묵은 습관을 버릴 수 있는 계기를 만난 것이다.

그림
마차뿌츠레 스케치

무스땅

일정의 둘째 날 새벽, 20인승 경비행기로 계곡을 누비며 20여 분 정도의 오금 저리는 비행 후 무스땅의 중심지인 좀솜에 도착했다. 드디어 천상고원天上高原이라 불리는 무스땅에 발을 디딘 것이다.

처음 본 무스땅은 사막과 같이 황량했다. 사방을 뒤덮고 있는 흙, 바위의 맨살을 드러내고 있는 산, 드문드문 자라고 있는 작은 나무들. 만년설을 이고 있는 고봉이 없다면 보통의 사막과 다르지 않은 모습이다.

20여 분의 짧은 비행으로 순식간에 열대의 풍경이 사막의 풍경으로 바뀐 것이 믿어지지 않았다. 슬라이드의 장면이 넘어가듯, 영화에서 장면이 전환되듯 예고도 없이 옮겨진 낯선 상황 때문인지 잠깐 동안 정신이 갈피를 잡지 못했다. 전통 복장으로 성장盛裝한 주민들의 성대한 환영을 받고서야 비로소 새로운 세계로 들어온 것을 실감했다.

네팔 중북부, 티베트와 접경지대에 자리한 무스땅 지역은 상 무스땅

사진
무스땅 고원 풍경

2012/06/06   무스땅의 중심지 좀솜에 도착

과 하 무스땅으로 나뉘어 있다. '은둔의 왕국'이 있는 상 무스땅에 들어가려면 따로 출입허가를 받아야 하고 상당한 입장료를 내야 한다. 하지만 멀리 인도의 갠지스 강과 합류하는 '검은 강' 깔리 간다끼Kali Gandaki가 흐르는 협곡과 안나푸르나 산군山群을 포함하고 있는 하 무스땅은 안나푸르나 보존구역ACAP: Annapurna Conservation Area Project의 규정에 따른 등록과 신고만으로 출입이 가능하다.

하 무스땅 중심에 있는 좀솜은 학교·관공서·경찰서·군부대가 있는 무스땅 지역 행정의 중심지이다. 인구는 3,000명 정도라고 하는데 이곳은 깔리 간다끼 계곡의 원주민인 티베트계의 타까리족Thakali이 뿌리 내리고 있는 곳이다. 좀솜은 안나푸르나와 로만땅Lo Mantang이 있는 상 무스땅을 찾는 트레킹 족과 힌두교의 성지인 묵띠나트Muktinath의 순례자를 위해 기존에 존재하던 마을 티니Thini, 둠바Dumba와 샹Syang 사이의 강 유역에 비

행장이 만들어지며 개발된 신흥마을이다. 거리에는 숙박과 식사를 제공하는 로지lodge들이 줄지어 있다. 해발 7,061미터의 닐기리 봉Nilgiri을 가까이에 둔 좀솜은 백두산과 같은 해발2,750미터의 고원지대이지만 고산 증세는 그다지 염려하지 않아도 될 정도다.

안나푸르나 산맥과 다모다르Damodar 산맥을 두르고 있는 무스땅은 동서를 가로지르는 히말라야 산맥이 잠깐 쉬어 가듯 자세를 낮추어 평균 고도 3,500미터 정도가 되는 낮은 지역이다. 그 덕분인지 이 지역은 고대

사진
하늘에서 본 좀솜마을 일대

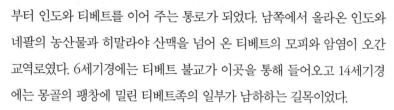

부터 인도와 티베트를 이어 주는 통로가 되었다. 남쪽에서 올라온 인도와 네팔의 농산물과 히말라야 산맥을 넘어 온 티베트의 모피와 암염이 오간 교역로였다. 6세기경에는 티베트 불교가 이곳을 통해 들어오고 14세기경에는 몽골의 팽창에 밀린 티베트족의 일부가 남하하는 길목이었다.

자연 숭배의 토착 종교를 대신한 불교를 바탕으로 티베트의 족장 아마 팔Ama Pal은 1380년경 원주민을 제압하고 이곳에 로Lho 왕국을 세우고 수도인 만땅Mantang의 왕궁을 비롯해 곳곳에 행궁을 세워 고원을 지배했다. 나중에 무스땅이라 불리게 된 로 왕국은 18세기 말 네팔에 합병되기까지 고원의 국가로 존재했다. 이후 무스땅은 중국의 티베트 점령과 달라이 라마의 망명, 뒤이은 무장세력 캄파스Khampas의 저항운동 거점이 되어 금단의 지역이 되는 등 근대의 과정은 험난했다. 오랜 은둔 끝에 1992년에야 개방된 무스땅은 역설적으로 고원의 문화가 고스란히 보존되어 있어서 따로 입경 허가를 받아야 들어갈 수 있는 구역으로 보호되고 있다.

땅 이름 무스땅이 야생마를 뜻하거나 자동차와 전투기의 명칭 그리고 양가죽 제품 이름으로 쓰이는 영어인 'mustang'과 어떤 연결이 있는지 알아보려 했지만 현지인들조차 땅 이름의 연원을 밝히지 못했다. 로만땅이라 합쳐 부르던 왕국의 이름이 외부로 알려질 때에 와전되었을 것이라는 추측뿐이었다.

좀솜

비행장을 나와 처음 만나는 풍경을 눈에 담고 있는데 어디선가 바람이 불어오기 시작했다. 미풍처럼 부드럽던 바람은 점점 강풍으로 바뀌더니 급기야 잠시도 서 있을 수 없을 정도가 되었다. 주민들이 환영의 뜻으로 감아준 실크 스카프인 카따khata를 펄럭이게 하는 바람은 태양의 열기가 전해지는 오전부터 불어오기 시작해서 해가 지는 저녁이 되어야 멈춘다고 한다. 한낮에는 시속 80킬로미터 정도나 된단다. 우기에는 아래에서 불어올라오고 건기에는 고원에서 차갑게 내려오며 계곡을 휘몰아치는 바람은 흙먼지와 함께 이곳의 특징을 이루고 있었다. 바람의 위력을 보여 주는 증거는 산중턱에 박혀 있는 경비행기의 잔해였다. 2주전 바람의 방향이 바뀌어서 착륙하던 비행기가 선회하다가 일어난 사고로 여러 사람이 사망했다고 하니 예삿일이 아니다. 뽀카라와 좀솜의 항공로가 이른 아침에만 열리는

사진
비행장이 들어서면서 생긴
신흥마을 좀솜

강한 바람을 견디지 못하고
추락한 경비행기 잔해

것도 바람 때문이었다.

좀솜에는 특이하게도 일본 건축가가 설계했다는 호텔이 하나 있다. 그 호텔이 우리 숙소로 잡혀 있었다. 우리가 발 딛는 곳마다 일본의 흔적이 앞서 있는 것을 발견하는 일이 한두 번이 아니었으니 그리 신기한 일이 아닐지도 모르겠다. 트랙터를 타고 올라가야 하는 험한 접근이 불편했지만 로비와 객실은 범상치 않은 분위기다. 그 일본 건축가가 누구인지 이름

사진 1
숙소였던 일본 건축가가 설계한 마운틴 리조트 호텔

사진 2
호텔은 공사를 채 마무리 짓지 못한 듯 보인다.

을 확인할 수는 없었으나 규모와 시설을 제법 갖춘 호텔이었다. 그러나 공사를 채 마무리짓지 못한 듯 일부는 완성되어 있지 않았는데 '쟁이'들 끼리만 통하는 무엇 때문이겠지만 공간의 이곳저곳에서 보이는 그 건축가의 고군분투는 남의 일 같지 않았다. 추측하기에 현지의 허술한 기능과 칼로 자른 듯 섬세한 디테일을 요구하는 일본적인 감각이 상당한 갈등을 일으켰을 것이 분명했다. 곳곳에 배어 있는 일본풍의 감각이 조화를 이루지 못하고 어설퍼 보인다. 이것은 이제부터 내가 만들어야 할 작업의 방향을 암시하는 것이기도 하다.

1989년 일본에서 있었던 '한국건축 3인 전'을 준비할 때, 우리가 보낸 닥나무 벽지를 희한하게도 이음새 없이 매끈하게 붙인 것을 보고 놀랐다. 그러나 우리가 기대했던 감각이 전혀 아니어서 남은 벽지를 달라 해 그 위에 어릴 때 기억을 살려 우리식으로 대충 겹쳐 붙였더니 지켜보던 일본 도배공은 "가미사마神様, 신이 아니면 할 수 없는 일"이라며 감탄했다. '적당하다'라는 의미를 우리는 긍정의 표현으로 여기지만 일본에서는 부정적인 뜻이 된다. 불안정한 땅의 특징인 예측불허의 지진을 감당해야 하는 조건에서 대충 처리하는 것은 곧 재난과 죽음을 부르는 것과 다르지 않기 때문일 것이다. 우리가 부러워하는 일본의 섬세한 디테일도 따지고 보면 그 문화의 태생적인 조건과 그로부터 비롯된 감각의 차이일 뿐이다. 우리 것의 완성은 우리 식의 전개로 이루어질 수밖에 없다.

건축가의 생각은 시공자라는 타자의 손을 빌려 만들어진다. 영화감독 빔 벤더스Wim Wenders는 감독의 의지에 공감하지 못하는 스태프들의 무지를 한탄하며 오케스트라의 지휘자를 부러워했는데 그것은 그가 건축을 잘 몰랐기 때문일 것이다. 우리 건설 현장의 스태프는 모든 일에서 싸고 쉽게 하는 방법만 찾으려 할뿐이어서 건축가의 의지는 전혀 먹히지 못한다.

창작자와 제작자는 서로 다른 방향을 보고 있어서 잠시라도 주의를 게을리 하면 결과는 돌이킬 수 없게 된다. 더구나 나름의 관습을 가진 낯선 땅에서의 작업이니 제대로 된 소통은 기대할 수 없는 것이 분명했다. 이 일의 완성을 도모하려면 그들이 할 수 없는 일을 해 내라 요구하기보다 그들이 가장 잘 할 수 있는 방법으로 내 생각을 만드는 것이 확실한 결과를 만들 것이라 판단했다.

긴 이름의 지역주민단체인 RITDCRural Information and Technology Development Center의 회원들과 호텔의 회의실에서 인사를 나눈 후 좀솜에서의 일정을 재확인하고 방송수신 지역의 범위와 송출탑의 위치 등 몇 가지의 기술적인 문제를 협의했다. 특히 MBC의 엔지니어는 현지의 전력 사정이 좋지 않으므로 발전기와 축전설비 등 정전에 대비한 대책을 강구해야 한다고 강조했는데 주민들은 의외로 무덤덤했다. 예상하지 못한 반응에 우리 모두 어리둥절해 하고 있을 때

"정전이 되면 방송을 멈추는 것 또한 당연하지 않은가요."

기막힌 반전이고 해법이었다. 정전은 방송이 멈추는 것뿐만 아니라 라디오의 수신도 함께 끊어지는 것이니 그들의 무덤덤한 반응은 당연한 것이다. 설사 발전기를 설치하더라도 풍력이나 연료를 사용하는 것이 모두 만만하지 않았다. 풍력을 이용하기에는 바람의 강도가 적정선 이상이었고 석유를 이용하는 것도 수송하는 길이 끊어지면 무용지물이 될 뿐이었다. 정전 사태를 국가적 재난으로 여기는 우리와 달리 이들에게 정전은 예전의 우리도 겪었던 것처럼 일상적인 현상으로 수용되는 당연함이었다.

관점의 차이는 서로의 입장에 따르는 상대적인 문제일 뿐 절대적일 수 없다. 풀 수 없던 어려운 문제가 생각하지도 않았던 해법으로 명쾌하게 해결된 셈이다. 덕분에 330제곱미터로 예정한 건축 공간에서 그만큼의 여

유가 생겼으므로 설계가 편하게 되었다.

      우리는 우리가 가진 제도와 규범을 보편적인 가치라고 여기지만 우리의 테두리에서 한걸음이라도 벗어나면 다른 세상의 논리가 된다. 캄보디아에서 작업했을 때 현지의 시공자는 건축의 허가 수속에 필요한 절차와 사항을 확인하는 우리를 이해할 수 없다는 표정으로 쳐다보았다. 아직 '건축사'라는 제도가 없어서 주민이 자기 땅에 이러저러한 집을 짓겠다고 관청에 신청하면 담당 관리가 설계에서부터 모든 일을 처리해 주는 시스템이었기 때문이다. 게다가 공정표를 작성하라는 요구에 언제 어떻게 변할지 모르는 날씨인데 지키지도 못할 계획을 어찌 짤 수 있는지 난감해 했다. 예정된 준공일의 큰 약속은 맞추겠지만 2주 이상의 공정 계획은 대책이 없

사진
좀솜마을 전경

2012/06/06   지역주민단체 RITDC
회원들과 인사

다고 했다. 이곳 역시 그와 다르지 않을 것이기에 그런 사항은 아예 묻지 않기로 했다. 전기와 통신, 상·하수도와 정화조 설비 등을 연결할 기반시설의 유무도 따지지 않았다. 그것이 그들에 대한 예의가 아닐지도 모르는 일이라 생각되었기 때문이다.

회합을 마치고 RITDC는 방송국 후보지로 두 곳을 보여 주었다. 한 곳은 강가의 평지이고 다른 한 곳은 산을 등진 언덕 위 평지였다. 강가의 경우는 마을과 가까워 여러모로 편리한 자리였으나 혹시 있을지도 모를 강의 범람을 걱정해야 했고 언덕의 땅은 외져 있어 접근이 어려울 뿐만 아니라 마을 쪽에서는 아예 보이지 않는 자리였다. 두 곳을 차례로 돌아보던 중 언덕의 평지에서 마을 쪽으로 내민 듯 솟아 있는 바위언덕에 눈길이

갔다. 평지가 공사하기에는 유리하겠지만 방송국의 기능과 상징적인 의미를 생각하면 그곳이 최적의 자리였다. 일행에게 각각의 장·단점을 설명하고 바위언덕에 방송국을 세우자고 했다. RITDC의 꿀 바하두르 타까리Kul Bahadur Thakari 회장은 평지라면 어느 쪽이라도 문제가 없으나 바위언덕을 원한다면 좀 더 의논할 시간이 필요하다고 했다. 그 언덕은 마을에서 신성한 장소로 여기는 곳이어서 주민들의 합의와 족장의 결심이 필요하다는 것이었다. 과연 언덕을 살펴보니 건물의 흔적이 군데군데 남아 있었고 돌을 쌓아 희게 칠한 불탑 모양의 비석들이 주변에 세워져 있었다. 그 비석들은 안나푸르나에서 조난당한 사람들의 위령비라고 했다. 그 바위언덕은 우리의 성황당과 같은 장소임이 분명했다. 그러나 그곳은 주변의 경관을 두루 살필 수 있는 최적의 조건을 갖추고 있고 계곡의 아래와 위에서 가려지지 않고 드러날 수 있는 지형이므로 최적의 후보지로 검토해 주기를 부탁했다. 마침 족장이 멀리 출타중이어서 부지의 결정은 나중으로 미루어야 했으므로 미련과 기대를 거둔 채 언덕을 내려왔다.

　　호텔로 돌아와 RITDC 회원들과 함께한 저녁식사는 무스땅 고원의 전통 요리와 일행이 가져간 김치와 라면 그리고 마른반찬이 뒤섞이는 말 그대로 융합의 만찬이 되었다. 가이드 니르 구룽의 통역이 없어도 영어로 소통이 가능했으므로 마주앉은 꿀 바하두르 회장과 현지 사정에 관한 여러 이야기를 주고받았다. 그에게 이곳의 전통적인 건축과 마을을 보고 싶다고 했더니 멀지 않은 곳에 오래된 마을이 있다고 했다. 도로 사정이 좋으면 차량으로 30~40분정도 걸리는 곳이므로 반나절이면 충분히 다녀올 수 있다고 했다. 마침 다음날 양해 각서 체결 행사가 오후에 잡혀 있었으므로 오전 시간을 이용해 다녀오기로 했다.

2012/06/06　　RITDC에서 정한 방송국 후보지
　　　　　　　두 곳 답사

사진
방송국이 들어설 최적의
자리라고 생각한 바위언덕

마르파

마르파Marpha(2,670미터)는 좀솜으로 접근할 때 비행기에서 보았던 계곡의 오른쪽 언덕에 자리한 마을이다. 마르파로 가는 길은 비포장의 험한 길이었으나 6500만 년 전 인도호주판과 유라시아 대륙판이 충돌한 흔적을 보여 주듯 땅이 솟아오르고 기울어지며 만들어 낸 주변의 풍경은 사람의 감각을 압도하고 있어서 불편함을 느낄 사이가 없었다. 계곡을 흐르는 검은 강 깔리 간다끼 주변은 강이 실어온 돌들로 질펀했고 산에서 굴러 내린 커다란 바위들이 여기저기 함께 뒹굴고 있었다. 마을에 가까워지면서 보이기 시작한 돌담은 집과 과수원과 경작지의 울타리다. 마치 제주도의 돌담처럼. 돌은 이곳의 풍경을 지배하고 있었다.

사진 1
마르파 전경

그림 2
마르파 배치도

2012/06/07 　좀솜 인근의 전통 마을
　　　　　　마르파 답사

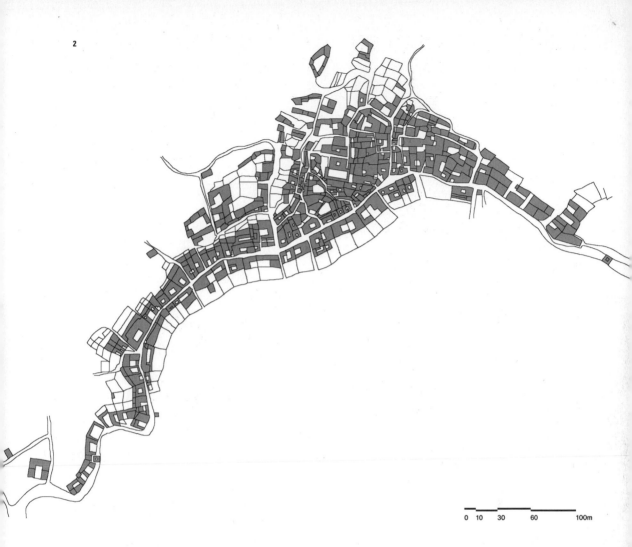

0 10 30   60   100m

사진 1
널찍한 판석으로 포장되어 있는
지형을 따라 구불구불 휘어진
골목

사진 2
마르파의 주거 모습

800년의 역사를 가졌다는 타까리족의 전통마을 마르파의 집들은 사과를 재배하는 과수원을 앞에 두고 경사진 산비탈에 빼곡히 자리 잡고 있었다. 보리와 밀 그리고 유채와 메밀을 주로 경작하는 고원지대에서 마르파의 사과는 특산품이라 했다.

마을은 집집마다 기둥에 매어 세워 놓은 따르초끄tarchok와 하늘로 기원을 날려 보내려 줄에 걸어 둔 룽따lungta가 독특한 분위기를 만들고 있었다. 바람에 펄럭이고 있는 따르초끄와 룽따 깃발의 오방색과 돌담을 칠한 석회의 흰색은 묘한 대비를 이루며 생기 가득한 표정을 만들고 있었다. 우리의 오방색은 음양오행에서 방위를 뜻하는 양陽의 색인 청·적·황·백·흑이지만, 이곳의 색은 청·적·황·백·녹으로 북쪽을 상징하는 검은 색 대신 오방간색五方間色에 해당하는 음陰의 색인 녹색을 쓰고 있다. 자세한 내용은 알 수 없었으나 네팔의 십이간지十二干支에 용 대신 독수리가 있는 것처럼 동양사상도 각 문화의 관습과 환경에 따라 상징의 주제가 변용된 결과일 것이다.

지형을 따라 구불구불 휘어진 골목은 이곳에서 흔히 구할 수 있는 널찍한 판석으로 깔끔하게 포장되어 있어서 정갈한 분위기다. 만년설이 녹아 흘러내리는 물은 식수는 물론 농업용수로 사용되는 젖줄로, 골목을 따라 놓인 수로를 통해 마을에 공급된다.

집들은 벽을 잇대며 연결되어 있어서 밖에서 보는 모습만으로는 한 집의 규모를 알 수 없다. 대문은 낮고 창은 거의 보이지 않는 극히 폐쇄된 모양새다. 그중 한 집을 택해 들어가 보니 우리의 뜰집처럼 가운데 마당을 두고 에워싸듯 형성된 공간이 있었다. 땅에 면한 지층은 외양간과 창고로 사용하고 한 층을 오르니 부엌과 거실 그리고 방이 있는 살림 공간이 나타났다. 아래층의 지붕인 작은 테라스를 통해 들어간 집안은 장방형의 깊

은 공간을 갖고 있다. 마당에 면한 부엌과 거실은 밝았으나 따로 구획된 안쪽은 어두웠는데 조상신을 모시는 제례 공간인 듯했다. 지붕을 뚫어 마련한 천창으로 채광을 해결한 이 제실은 집의 중심이고 주변에 있는 작은 방들은 창고와 침실로 사용되고 있었다.

3년 전 티베트를 답사할 때 들어가 보았던 농가의 공간 구성과 매우 닮아 있어서 유형적으로 하나의 줄기인 것이 확실해 보였다. 차이가 있다면 티베트의 경우 비교적 넓은 중정을 두고 공간을 여유 있게 구성하고 있는 것에 비해 이곳은 한껏 조여진 형식으로 긴장된 공간감을 연출하고 있다는 점이다. 평지의 독립 배치와 경사지의 군집 배치라는 조건의 차이가 그 이유일 것이다. 결국 유형의 규범은 그것을 적용할 땅의 조건에 따라 응용되는 원리로 작용하는 것이지 반드시 지켜야 하는 교리가 될 수는 없다.

여기저기를 살펴보아도 난방을 위한 장치는 부엌의 화덕 말고는 찾을 수가 없었다. 고원의 추위가 혹독할 터인데도 아무런 대비가 없다는 것이 이해되지 않았다. 손님이 들었다는 전갈을 받고 급히 일터에서 돌아온 주인에게 어찌 추위를 견디는가 물었더니 별 문제가 아니라는 듯 웃기만 했다. 경우는 다르지만 에스키모가 난방 없이 생활하는 것을 보면 이들에게도 나름의 방법이 있는지도 모를 일이었다. 다만 돌과 흙으로 지어진 집의 구조가 추위를 해결하는 역할을 하고 있는 것은 분명해 보였다. 요즘 회자되고 있는 지속가능성, 친환경 등에 단골로 등장하는 것이 흙과 같은 자연의 소재이기 때문이다.

나중에 알게 된 사실이지만 무스땅 사람들은 겨울이 오면 사원과 집을 지킬 최소한의 인원만 남겨 두고 남쪽 외지로 나가 일을 한다고 한다. 최근에는 해외로 나가는 경우도 많은데 이곳에만 우리말을 아는 사람이 50명쯤 된다고 한다. 차원은 다르지만 전통적으로 세계화를 이루고 있는 셈이다.

방에서 나와 통나무를 깎아 만든 사다리 모양의 계단을 통해 지붕에 오르니 넓은 테라스와 옥탑방 같은 공간이 보인다. 추수한 곡물을 거두는 작업장과 저장고로 사용되는 공간이라고 한다. 평지붕은 벽에 보를 걸고 그 위에 나무판을 깔아 산에서 캐낸 흙덩이를 깨고 개어 만든 고운 진흙으로 덮었는데 비가 내리면 진흙의 표피에 수막이 형성되어 아래로 물이 스미지 않는 방수 효과도 있다고 한다. 우기가 다가오면 진흙으로 갈라진 틈을 메우고 미리 물을 담아 흙이 단단히 굳도록 하는데 그리하면 한 해를 무사히 보낼 수 있단다. 문제는 바람으로 인해 흙먼지가 실내로 들어오는 것인데, 지붕에 쌓아놓은 나무는 땔감을 말리는 것이 아니라 먼지를

마르파 지역 주택의
공간 구성도

지붕층 평면도

상층 평면도

지층 평면도

사진
집의 역사를 품고 있는
지붕의 나무더미

막는 방진장치 겸 난간이라고 한다. 또 그 나무더미는 그 집의 내력을 보여 주는 것이란다. 건조한 기후여서 나무는 오래 견딜 수 있지만 때마다 삭은 나무를 교체하다 보면 할아버지와 아버지와 아들이 쌓은 나무가 겹쳐져 집이 먹은 나이를 보여 준다는 것이다. 그저 땔감이려니 생각했던 나무더미가 집의 역사를 품고 있는 것이다.

그러나 눈이 내리는 지역일 터임에도 박공이 아닌 평지붕이 대부분인 것은 이해할 수가 없었다. 겨울에 내리는 눈을 어찌 처리하는가 물었더니 안내하던 주인은 무슨 말인가 의아해 하며 눈이 내리는 경우가 드물다고 했다. 이곳의 겨울은 몬순기후의 건기에 해당해 비나 눈이 내리는 경우

티베트 지역 농가의
공간 구성도

지붕층 평면도

2층 평면도

1층 평면도

사진 1
마르파 지역 주택의 중정

사진 2
라마교 사원 곰빠의 중정

사진 3
남흥재사의 마당

가 없다는 당연한 사실을 물은 셈이다. 더구나 7~9월의 우기에도 남녘의 습한 공기가 안나푸르나 산맥에 막혀 넘어오지 못하므로 강우량조차 연평균 180밀리미터일 정도로 극히 적다고 했다. 그래서인지 지붕 가장자리에 파놓은 배수로는 시늉만 한 듯 만들어져 있다.

해발 3,000미터의 고원, 위도 29도에 해당하는 기후대로 건기와 우기로 구분되는 이곳은 계곡을 흐르는 강 주변에 있는 약간의 녹지 이외에는 사막처럼 건조한 환경이다. 사계절이 뚜렷한 우리나라와는 사뭇 다른 풍경이다. 우리의 사계절과 그들의 두 계절은 세계의 다양성과 차이의 개념을 실제로 증명하고 있었다.

고원의 추위와 계곡으로 몰아치는 바람을 해결한 그들의 지혜가 만든 마을의 모습은 남극대륙의 펭귄 무리가 추위를 극복하려고 이루는 허들링huddling의 모습을 닮아 있다. 두터운 돌담과 지붕을 맞대어 조밀하게 이루어진 마을의 구성과 집안 깊숙이 뚫어 놓은 마당으로 빛과 공기를 받아들이는 건축적인 공간의 처리는 그곳만의 지혜였다. 지혜는 지식과 경험이 쌓여 이루어진다. 어느 날 누군가가 이리하자고 해서 갑자기 되는 것이 아니라 오랜 시간과 수많은 시행착오를 거치고 온갖 경우를 겪은 뒤에 나온 보편적인 해법이 지혜, "경험의 과학"일 것이다. 어설프고 서툰 지식으로 지혜의 내공을 함부로 다룰 일이 아니다. 지혜가 존중받지 못한다면 우리의 일도 그리 가치 있는 결과가 되지 못할 것이니….

경사진 지형을 따라 중층 구조를 이루며 깊은 마당을 만들어 채광과 통풍을 해결하고 있는 마르파의 전통 건축을 살피다가 문득 히말라야의 서쪽 라다크에서 본 헤미스Hemis, 라마유르Lamayuru, 틱세Tiktse 등과 같은 라마교 사원인 곰빠Gompa의 중정들이 떠올랐다. 돌을 사용하는 무스땅의 벽처럼 흙벽돌을 두텁게 쌓은 라다크 건축의 공간 밀도는 매우 무겁다.

중정은 그 무게를 덜어 내고 고원의 투명한 빛을 담아 공간을 살려 내는 비움이었다. 포탈라궁Potala Palace이나 드레풍 사원Drepung Gomang Monastery, 조캉 사원Jokhang Monastery 등 티베트의 건축 역시 다르지 않다. 그리 보면 우리 남흥재사의 깊은 마당 역시 공간의 밀도를 조정하고 숨 쉬게 하는 방법론이었을 것이다. 풍토에 적응하는 수단은 각각이지만 이루려는 목적은 하나다. 공간을 열어 통하게 하는 것. 그것은 어떤 풍토의 조건에서도 적용되는 원리다. 공간은 인간이 함께하는 유기적 존재이기 때문이다.

암모나이트

검은 돌의 암모나이트 화석이 눈에 뜨였다. 암모나이트는 백악기에만 존재했던 생명체이므로 중생대의 지층을 증명하는 표준화석으로 취급된다. 2억5천만 년 전 고古지중해라 불리는 테티스Tethys해의 바다 밑에서 굳어진 연체동물의 화석이 고원에서 나타나는 것도 신기했지만 상품으로 팔리고 있는 것도 모를 일이었다. 대륙의 충돌로 해저에서 융기한 퇴적암의 지층에서 풍화작용으로 떨어져 나온 화석이 강돌로 굴러다니는 것을 채집한 것이라고 한다. 주민들은 보리 추수가 끝나는 7월 말부터 한 달 남짓한 농한기에 강으로 나가 화석을 줍는다고 한다. 주 고객은 힌두교 순례자들. 암모나이트의 나선 형태가 창조의 신 비슈누Viṣṇu를 상징해 성물처럼 간직한다는 것이다. 무스땅의 풍경을 이루고 있는 지각의 단층은 수억 년의 시간을 새기듯 세워 놓은 시간표였다. 세상을 이루고 있는 만물은 비록 돌멩이 하나라도 존재의 이유와 의미를 갖는다는 단순한 진리를 되새기게 된다.

정해진 시간이 되어 주민들이 모인 마을회관에서 KOICA와 MBC가 RITDC와 양해 각서 체결 행사를 가졌다. 국회의원을 비롯한 지역의 유지들과 MBC의 임원이 차례로 단상에 오르는 동안 나는 마르파의 느낌을 하나하나 정리하느라 그들의 상투적인 인사말이 귀에 들어오지 않았다. 내게도 건축가로서 인사를 하는 순서가 있었지만 생각이 채 정리되지 않았기에 이곳의 지혜와 우리의 지식이 좋은 만남을 만들게 되기 바란다고만 짧게 말했다. 뒤이어 인근의 학교에서 준비한 행사에서 우리는 학생들의 멋진 공연으로 생각하지 못했던 환영을 받았다. 학생들은 자신들의 전통무용은 물론 힙합댄스까지 선보였는데 이처럼 삭막한 자연과 마을의 풍경 속에도 화려함과 발랄함이 숨겨져 있다는 것에 놀라지 않을 수 없었다. 생각해 보면 그들의 일상을 세상과 동떨어진 은둔의 세계일 것이라 예단한 내 선입관이 문제였을 것이다.

2012/06/07　마을회관에서 KOICA와 MBC가
　　　　　　RITDC와 양해 각서 체결

1

숙소로 돌아가는 길에 다시 한 번 대상 부지가 모두 보이는 강가로 나갔다. 여전히 바람은 잦아들지 않고 거세게 불고 있어서 모자를 깊이 눌러써야 했다. 강자갈이 만든 둔덕에 서서 이번 건축 작업의 주제가 될 자연과 땅의 조건에 이곳의 일상적 풍경을 겹쳐 보았다. 전통이란 그 땅에서 지속되고 있는 일상의 규범을 말한다. 그 시작은 땅에서 비롯되었을 것이며 땅의 조건은 자연이 만들고 있는 원초적인 것이다.

그렇다면 여기에서 찾아야 하는 건축의 주제는 어느 대지로 결정되든 원론적으로 '바람과 돌'이어야 하지 않을까. 바람과 돌을 대치시키는 것이 아니라 바람과 돌을 공존하게 하려면 어떤 방법이 있을까. 이런저런 생각을 하던 중에 암모나이트의 나선처럼 바람을 돌아들게 하면 '바람을 품은 돌집'이 만들어지지 않을까하는 생각이 떠올랐다.

"바람을 품은 돌집!"

역사와 문화에 대한 각론은 그 다음 문제였다. 생각의 실마리가 풀린 것만으로 마음이 편해졌다. 이제 그것을 어떻게 전개할 것인지 전략을 궁리하는 일이 남았다.

카트만두

부지 조사와 주민들과의 회합을 마치고 다음날 갔던 길을 되돌아 깔리 간다끼를 하늘에서 바라보며 뽀카라로 내려왔고 다시 비행기를 바꾸어 카트만두에 도착했다. 산악 항로의 상황을 염려해 하루를 앞당겨 서둘러 내려왔으므로 일정의 여유가 생겼다. 귀국 항공편을 기다리는 이틀 동안 고원과 몬순의 풍토를 함께 갖고 있는 네팔의 건축을 살피기로 했다. 일행은 관광을 원했지만 건축을 찾아보는 것이 곧 관광이지 않은가라는 설득에 모두 따라 주었다. 본격적인 건축 답사는 아니어도 거리의 풍물과 건물을 둘러보며 네팔의 역사와 민족, 자연과 풍토, 문화와 종교, 인간과 건축 등이 어떻게 작용하고 있는지 씨줄과 날줄을 엮어 대강의 그림을 만들어 보고 싶었다.

그림
분지 지형인 카트만두

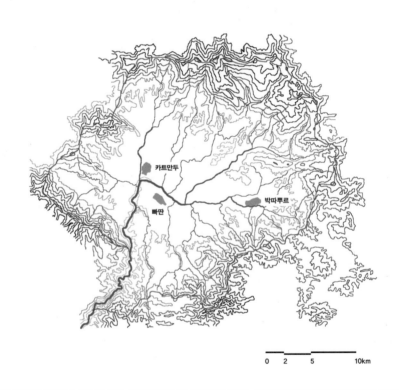

0   2   5   10km

　　동서를 가로지르는 히말라야 산맥에 의지해 길게 놓여 있는 네팔은 크게 보면 북상하는 인도의 평원 문명과 남하하는 티베트의 고원 문명이 만나는 곳이다. 산악과 평야의 중간지대에 자리한 네팔은 2세기에서 8세기까지 인도아리안계의 리차비Licchavi 왕조를 중심으로 서부지역의 말라Malla 왕조 그리고 북쪽 일부지역에 내려온 티베트의 영향아래 토착신앙에 불교와 힌두교가 더해져 독특한 네와르 문화를 형성하고 있다. 아리안계와 티베트계 등 다민족으로 이루어진 네팔은 8세기 말 리차비 왕조의 쇠락으로 13세기에 이르기까지 분열과 전쟁이 반복되는 암흑기를 거친다. 12세기경에는 이슬람의 진출로 밀려난 인도 북동부의 왕족과 귀족들이

들어와 소규모의 왕국과 공국을 세운다. 이후 여러 왕조의 흥망에 따라 분열과 통합을 반복하는 역사를 거쳐 13세기에 새롭게 일어난 말라 왕조가 통일을 이루어 600년간 지속되었다. 그러나 네와르 문화를 꽃피운 말라 왕조는 다시 분할되었고 중부지역에서 발흥한 구르카Gruka 왕조의 샤Shah에 의해 1769년 통합되어 근대를 맞는다. 19세기 초에는 인도에 진출한 영국의 영향을 받기도 했으나 외세에 예속되지 않고 독립을 유지한 왕국이었다. 현재는 입헌군주국의 틀을 잡아 가고 있다.

10세기 무렵부터 네팔 정치·문화의 중심지로 자리 잡은 카트만두는 해발 1,350미터에 자리해 분지를 이루고 있으며, 높이 3,000미터 정도의 산으로 둥글게 둘러싸인 직경 20~25킬로미터의 평원이다. 주변의 산들로 이루어진 요새 같은 지형과 비옥한 토양은 네팔지역의 중심 세력을 유지할 수 있는 최적의 장소였다. 카트만두 분지는 지리적으로는 인도의 평원과 티베트의 고원을 연결하는 중간지대이고 종교적으로는 힌두교와 불교의 완충지대가 된다. 중간과 완충이라는 지리적 특성으로 인해 카트만두 분지의 역사가 순탄하지만 않았을 것이라 짐작되지만 그럼에도 온전히 유지될 수 있었던 것은 요새화된 분지 지형 덕이었을 것이다.

카트만두는 15세기 후반 네팔 전역으로 세력을 넓힌 말라 왕조에 의해 수도로 자리 잡았다. 지금은 분지 전체가 하나의 도시를 이루고 있으나 한때 카트만두를 비롯해 빠딴Patan과 박따뿌르Bhaktapur라는 각각 독립된 왕국으로 나뉘어 있었다. 말라 왕조의 전성기를 이룬 야크샤Yaksha왕이 죽기 전 아들들에게 왕국을 나누어 주었기 때문이다. 카트만두와 빠딴은 왕이 다른 도시 국가였다는 것이 믿어지지 않을 만큼 샛강을 사이에 두고 인접해 있지만 바드가운Bhadgaun이라고도 불리는 박따뿌르는 동쪽으로 12킬로미터 가량 떨어져 있다. 왕국의 분리와 세습은 역설적으로 많은 문화유산을 남기게 되었다. 왕국들은 통일을 도모하기보다 경쟁적으로 궁전과 사원을 세우는 일에 열중했기 때문이다. 네팔의 르네상스라 불리는 이 시기에 건축·회화·공예 등에서 네와르 양식이 완성되었다.

　　세 도시국가에는 궁전을 의미하는 두르바르Durbar를 중심으로 사원들이 밀집해 있었다. 힌두교의 스투파와 불교사원이 뒤섞인 채 기단 위에 서 있는 탑들은 곧고 단단한 나무인 살Sal을 이용해 건물의 틀을 세우고 구운 벽돌로 보강되어 단층에서부터 9층에 이르는 다양한 높이로 구성되어 있다. 그러나 세 도시국가의 유적 중에서 멀리 떨어져 있는 박따뿌르가 중세의 분위기를 잘 보존하고 있는 것에 비해 서로 이웃해 있는 카트만두와 빠딴은 급격한 도시화로 원형을 잃거나 훼손이 심한 상태였다. 왕궁과 사원을 에워싸고 있는 상가와 주거의 변형이 심각한 것은 국력과 민도의 문제이겠으나 출입의 제한도 없이 방치된 유적들과 무계획적인 개발로 도시의 원형이 사라지고 있어서 안타까웠다.

　　그럼에도 네팔이 갖고 있는 유산의 가치는 그저 스쳐갈 것이 아니었다. 관광을 겸한 답사였으므로 이번에는 어떤 것이 있는지 알아보는 정도로 만족해야 했으나 다음 기회에는 본격적인 공부를 하기로 마음먹었다. 당장의 일을 위해서이기도 했지만 민족의 구성과 역사의 과정, 힌두교와 불교의 관계, 히말라야와 카트만두의 연결 등 나름의 틀을 만들어야 한다. 이미 보았고 또 보아야 할 것이니 제대로 알지 못하면 아무것도 이룰 수 없을 것이기 때문이다. 하나의 문화를 짧은 시간과 얕은 지식으로 온전히 이해하기는 어렵겠지만 그렇다고 제쳐둘 수 없는 일이기에 각각의 첫인상을 모두 기억해야만 했다.

　　뽀카라에서도 보았지만 네와르 양식의 목조는 직선적이고 간결하다. 그러나 단순한 형식과 대조적으로 기둥·보·버팀목·창·문 등은 민속

사진 1, 2, 3
네팔의 도시 국가였던 카트만두,
박따뿌르, 빠딴 왕국의 문화유산

과 종교의 아이콘을 조각한 정교한 장식으로 화려하고 이민족의 화합과 다산을 권유한다는 에로틱한 조각까지 새겨져 있어서 상징적이기까지 하다. 네와르 양식의 형태적 특징이 층층으로 중첩된 지붕이라면 공간의 중심은 쪼끄Chowk라 부르는 중정이다. 우리의 마당과 비슷한 비움의 공간은 무스땅의 깊은 중정과 달리 회랑으로 둘러싸인 개방 공간이어서 형식과 형태의 차이는 물론 공간을 이루는 원리도 고원의 그것과는 다른 맥락을 보인다. 이곳의 건축 규범은 내가 작업할 무스땅의 방송국이 히말라야를 가로지르고 있는 고원의 형식인 것과 대비해 분명히 그 궤를 달리하고 있다.

　빠딴의 두르바르에서 더위를 식히며 사원을 스케치하고 있을 때 한

PATAN, NEPAL

꼬마 숙녀가 다가와 신기한 표정을 짓기에 앞에 세우고 얼굴을 그려 주었더니 말릴 사이도 없이 그림을 들고 뛰어 가 버렸다. 광장을 오가는 관광객들과 궁전과 사원의 턱에 삼삼오오 걸터앉아 한가로운 여유를 보내고 있는 네팔사람들 사이에서 무스땅 고원의 풍경과 카트만두 분지의 느낌을 연결해 보려 했지만 밀도가 다른 비움의 존재외에는 군중 속으로 사라진 소녀처럼 고리의 연결을 찾기가 어려웠다. 하나의 문화권에 속하고 있더라도 자연의 조건에 따라 그 지역만의 특성을 보이는 것이 건축이기에 네와르의 건축은 이번 작업에서 하나의 참조 사항으로 그쳐야 했다.

고원의 건축에 관한 구체적인 자료를 구하기 위해 타멜Tamel 거리에 있는 서점을 찾았다. 자료는 설계를 위한 것이기도 했고 대학원 과정을 마친 준영 군이 논문 주제를 "지역성"으로 정하고 이번 프로젝트를 그 내용으로 삼을 계획이었으므로 지도교수인 나도 공부를 해야 했다. 다행히 네와르와 히말라야의 건축을 다룬 책을 몇 권 구할 수 있었는데 준영 군에게 돌아가 진행할 설계 작업과 현지에서 감리를 수행하는 동안 논문을 작

사진 1
네와르 양식 공간의 중심인 쪼끄

사진 2
이민족의 화합과 다산을
권유하는 조각

성하는데 참고하자며 빠딴의 박물관에서 구한 책과 함께 건네주었다.

　귀국하기 위해 도착한 뜨리부반 공항은 북새통을 이루고 있었다. 인도를 비롯해 각국에서 몰려오는 순례자들과 산을 찾아온 등반대와 트레커들, 그리고 자원봉사를 온 젊은이들과 해외로 나가는 네팔의 노동자들이 뒤섞여 공항은 무척 혼잡했다. 그 와중에는 한국인들도 한몫을 하고 있었는데 협소한 공간과 능률을 찾을 수 없는 공항 관리에서는 아무리 예의 바르려 해도 도리가 없었다. 탑승 수속을 마치고 자리에 앉고 나서야 겨우 한숨을 놓을 수 있었다. 귀국 이후의 일들을 궁리하느라 머릿속이 복잡한 가운데 비행기가 움직이기 시작했다. 잠시 후 이륙한 비행기가 고도를 높이고 있는 동안 부양하며 생기는 약간의 긴장감으로 생각이 멈추었으나 창 밖 구름 위로 삼각의 검은 형태가 솟아 보이자 얕은 생각들은 모두 한 번에 사라져 버렸다. 에베레스트Everest였다. 하늘과 맞닿은 높이 8,848미터의 위용은 엄청나다. 미처 카메라도 챙기지 못하고 멍하니 바라보기만 하고 있는데 창가 좌석에 앉아 있던 등반가 차림의 남자가 말했다. 좀처럼 보기 드문 광경을 만났으니 행운이 찾아 올 것이라고….

사진
빠딴의 두르바르에서 만난
꼬마 숙녀

풍토

상상

돌아오는 여정 내내 머릿속으로 고원에 세울 방송국의 모습을 그렸다. 바람과 돌을 주제로 하는 건축에 어떤 공간을 담을 것인지, 그리고 그 결과가 어떻게 그곳의 풍경에 녹아들고 현지의 감성에 다가갈 것인지 상상하며 평지와 언덕의 경우를 가정해 몇 장의 스케치를 만들었다.

바람 막을 벽을 세우고 암모나이트의 나선처럼 돌아드는 길을 만들어 바람의 힘을 누그리고 마당을 중심으로 방송국의 기능을 둘러놓으면 어떨까.

마당의 가운데에 안테나를 기둥처럼 세우고 룽따를 걸면 곰빠의 정경이 되지 않을까.

만다라의 도형을 빌려올까.

강변의 평지에 돌을 모아 낮은 언덕을 만들어 벽을 세우면 어떤 공간이 나타날까.

바위언덕이라면 나선의 경사로를 만들어 솟아오르는 벽을 세울 수 있지 않을까.

상상으로 세운 공간의 테두리에 그 땅의 주제인 돌을 쓰기로 작정했다. 안과 밖의 벽은 물론 바닥과 지붕까지 돌이 주제가 되는 건축을 시도하기로 했다. 번쩍이는 재료와 첨단의 기술로 만드는 현대적 건축물이 아니라 그곳의 재료와 그들의 기술로 가능한 건축이어야 한다. 내 작업이 우리를 과시하는 것이 아니라 그들의 역사와 자연과 문화에 대한 오마주여야 하기 때문이었다.

누군가를 돕는 일이 물질적인 지원만으로 충분하지 않은 것을 우리는 이미 경험했다. 원조의 수순으로 보면 먹고 입고 사는 것의 물리적인 해결이 우선일지 모르나 주는 자와 받는 자의 관계가 일방적인 방향으로 흐르지 않으려면 상대방에 대한 이해와 배려가 앞서야 하지 않을까?

그림
바위언덕이 부지가 될 경우의
스케치

우리의 도움이 경제적·기술적인 단순 지원에 그치지 않고 문화적 이벤트로 격상되려면 현대적인 설계로 그들의 문화와 이질적인 아주 새로운 건물을 지어 주는 것이 아니라 건축의 본질에는 충실하되 우리와 그들의 정신이 결합할 수 있는 건축이 행해져야 한다. 레비스트로스Claude Levi Strauss의 거창한 이론을 빌지 않더라도 문화는 교류를 통해 진화하는 것일진대 과연 우리가 그것에 충실하려면 어떤 방법이 있는지 생각해 보려고 했다.

답사에서 수집한 정보와 자료들 그리고 사진과 스케치를 정리하며 이런저런 가능성을 상상하던 중에 현지로부터 부지의 결정에 관한 소식이 왔다. 내가 원했던 바위언덕은 나중에 마을의 성소로 꾸밀 계획이 있어 곤란하므로 처음 그들이 제안한 두 곳 중에서 언덕 위의 평지에 방송국을 세우기로 의견을 모았다는 것이다. 주어진 조건을 따라야 하는 것도 건축하는 일의 하나이기에 아쉬웠지만 받아들여야 했다.

묵띠나뜨로 가는 순례 길과 안나푸르나로 오르는 트레킹 코스로 길이 나뉘는 어귀에 자리한 부지는 산을 등진 기슭이지만 계곡을 휘모는 바람을 맞받아야 하는 곳이다. 더구나 부지의 주변에는 안나푸르나에서 사고를 당한 조난자들의 위령비까지 군데군데 세워져 있어서 묘역과 같은 분위기이다. 결국 이곳은 안나푸르나의 성소이자 묘역, 네크로폴리스necropolis인 셈이었다. 답사 때 보았던 땅의 형국과 내력을 염두에 두고 생각을 다듬기로 했다.

2012/07/09   RITDC에서 언덕 위 평지를
부지로 결정했다는 통보 받음

기슭

평지라고는 하지만 바위와 흙이 흘러내리는 산을 마주한 언덕에서 건축이 선택할 수 있는 자세는 산과 대립하거나 순응하는 것 두 가지뿐이다. 히말라야에서 자연과 대립한다는 것은 있을 수 없는 일이기도 했지만 건축이 자연의 일부가 되는 것은 우리와 그들이 공유하는 가치였기에 순응의 자세를 잡기로 했다.

산과 강으로 경계가 이루어진 땅에서 자연의 공간은 곧 건축의 공간이 된다. 우리의 땅이 완만한 흐름을 이루고 있다면 무스땅의 자연은 급격한 변화를 전개하고 있다. 좁게 보면 대비되는 성격이지만 넓게 보면 평원과 사막의 광대무변한 풍경과는 다른 원형으로 나뉜다.

변화무쌍한 무스땅의 풍경에 또 하나의 변화를 만들기보다 두드러지지 않고 원래 그랬던 것처럼 천연스러운 모습을 만들기로 했다. 완만한 경사를 이루고 있는 기슭을 이용해 산에 가까이 다가가면 결국 건축은 산의 일부가 될 것이다. 저절로 그리된 자연은 이미 완성되어 있는 것이다. 그것에 하나를 더하는 것이 아니라 땅의 한 곳을 빌려 공간을 일으키고 다듬으면 그만이라 생각했다. 산에서 밀려나온 듯 반쯤 묻힌 공간을 만들고 위령비들을 피해 낮은 곳에서 기슭을 타고 오르는 자세를 잡기로 했다.

사진
부지는 산을 등진 기슭이지만
계곡을 휘모는 바람을 맞받아야
하는 곳이다.

바람

고원의 바람은 무척 거세다. 계절에 따라 방향도 바뀐다. 바람의 세기와 방향도 문제지만 바람에 실려 오는 흙먼지는 정밀한 방송 장비에 치명적인 손상을 입힐 수도 있다. 우선 떠오르는 그림은 견고하게 닫힌 성채의 이미지이다. 하지만 그것은 너무 쉽다. 또한 닫힌 공간은 죽음의 공간이다. 공간이 살아 숨 쉬려면 어딘가 열어야 한다. 무작정 막는 것은 방안이 되지 않는다.

바람으로부터 보호되어야 하는 공간은 부분이지 전체가 아니다. 크게 둘러 닫더라도 작게 열린 공간을 만들면 바람은 위세를 부릴 수 없을 것이다. 닫힌 공간이더라도 속을 비우면 바람으로부터 보호되는 열린 공간을 만들 수 있다. 닫혀 있으나 열린 공간은 이미 마르파의 중정에서 보았다. 내가 고안해야 하는 것은 그들의 방식을 오늘의 것으로 풀어내는 것이다.

바람은 주어진 전제 조건이다. 조건을 제거할 수 없다면 이용할 방법을 찾는 것이 순리다. 긍정의 힘은 부정의 방향을 바로 잡을 수 있다. 바람에 저항하기보다 바람을 품기로 했다. 제주도의 돌담처럼 바람을 지나가게 하되 그 힘을 줄이려면 완고한 틀을 짜기보다 성근 틀로 바람을 달래는 것이 나을 것이라 생각했다. 강풍을 미풍으로 바꿀 수 있다면 바람을 피하지 않고 즐기게 될 것이다. 먼지는 이중문과 디테일로 해결할 수 있을 것이다.

사진
바람에 저항하기보다 바람을
품은 공간을 만들기로 했다.

돌

돌은 이곳 건축의 주제이다. 가장 흔한 재료일 뿐만 아니라 그들에게 가장 익숙한 소재이다. 돌을 구조와 마감재로 사용할 작정은 망설일 이유가 없었지만 어떤 돌을 어떻게 이용할지는 좀 더 살펴보기로 했다. 바위에서 떨어져 나온 파석, 물살에 다듬어진 강돌, 벽돌처럼 다듬은 돌 등 모양뿐만 아니라 검은 돌에서 하얀 돌까지 색깔 또한 다양한 중에서 적합한 것을 고르기로 했다.

400밀리미터 정도의 두께로 돌을 겹쳐 쌓고 모르타르를 채우면 벽은 단층인 구조를 충분히 감당할 수 있다. 또 마르파에서 본 것처럼 석재의 축열성을 이용하면 일교차가 심한 사막기후에서 흔히 쓰이는 축열체 thermal mass가 형성되어 내부를 보호하기에 충분할 것으로 판단했다. 주간의 태양 에너지를 벽체에 모아 서서히 야간의 실내로 방열하는 패시브 passive 방식인 셈이다.

문제는 중정처럼 외부에 면하는 벽을 바람이 통하도록 성글게 쌓으려면 어떤 쌓기 방법과 형태가 알맞을지 찾는 것이었다. 제주도의 현무암처럼 마찰력만으로 해결하기에는 돌의 재질이 마땅하지 않기 때문이다. 돌 벽의 빈틈으로 빛이 새어 나오는 그림과 바람이 불어들 때 소리가 만들어지지 않을까하는 기대는 혼자만의 상상으로 접어 두고 공간을 꾸미는 생각을 시작했다.

사진
돌은 이곳 건축의 주제이다.

용도

바람과 돌이 주제가 되는 공간의 주 용도는 당연히 라디오 방송국의 스튜디오와 조정실이다. 그러나 이 지역에 세우는 최초의 문화시설이라는 점과 주민들에 의해 운영될 방송국임을 생각하면 방송의 기능을 충족시키는 것에 덧붙여 마을회관과 여행자들에게 정보를 전하는 안내소 역할을 할 수 있으면 좋겠다고 생각했다. 공개홀은 작은 극장이 되어 주민들의 여가를 채워 주고 우리 문화를 소개하는 공간이 될 수도 있을 것이다. 관리실은 등산객과 순례자에게 코스를 안내하고 기후와 목적지의 자료를 제공하는 안내소 역할도 할 수 있을 것이다. 식당은 회의실이 되기도 하며 옥상은 안나푸르나의 연봉과 깔리 간다끼 계곡의 풍경을 살피는 전망대가 될 것이다.

군이 하나의 용도로 고정시키기보다 필요에 따라 전용되거나 변용할 수 있는 공간을 만들려고 했다. 건축은 그 물리적인 생명이 다할 때까지 하나의 용도로만 고정되지 않는다. 그것이 생산되어야 했던 이유는 시간을 먹으면 존재의 여건과 조건이 달라지게 마련이다. 건축의 지속가능성이란 변화를 수용할 수 있는 융통성의 여부로 매겨지는 것이다. 융통성 있게 임의로운 사용이 가능하려면 공간의 구성뿐만 아니라 동선의 체계 역시 상대적이며 임의적이어야 한다. 중정을 설정한 것은 우리의 마당이 바로 그 기능의 해법이며 또한 이곳 건축의 중심공간으로 나타나 있기 때문이었다.

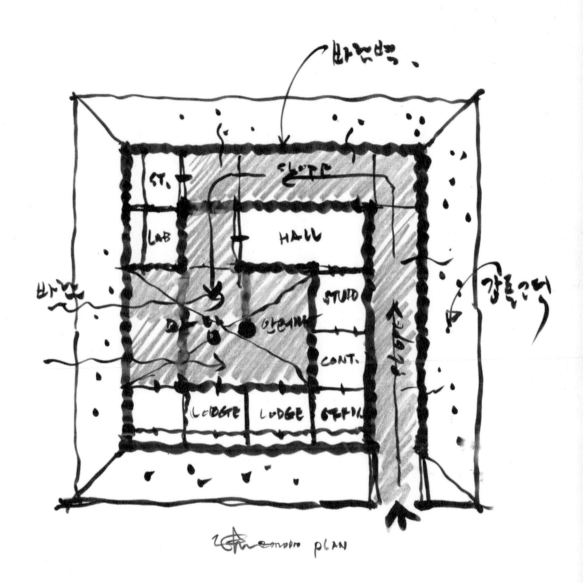

corodro pLAN

형식

비탈을 오르는 경사로를 길게 늘여 돌아들게 하고 가운데를 크게 비워 주 기능인 방송시설과 부 기능인 공용시설로 나누었다. 부 기능은 다시 작은 비움을 사이에 두고 식당과 관리실로 나누어져 있지만 진입로에서 이어지는 회랑으로 연결되어 공간은 중정을 중심으로 다시 하나로 모아진다.

바람을 돌려 세우는 중정은 우리의 마당처럼 안에 있는 밖이어서 밖이 아닌 안이다. 사무실과 숙소, 식당 등 각각의 방들은 바람의 세기를 눅이는 돌담을 밖에 두르고 그 안에 빛을 들이는 유리벽을 두어 이중의 외피로 감싸이게 된다. 하나의 두꺼운 벽으로 외부의 환경을 감당했던 형식을 바람과 빛을 담당하는 둘로 나누어 역할을 분담하게 했다. 벽에서 빠져나온 통유리 창은 무스땅의 전통 건축이 가졌던 어둠의 굴레를 풀어 줄 것이다.

전망을 위한 창은 따로 고려하지 않기로 했다. 앉아서 호사를 누리기에는 풍경의 스케일이 감당할 수 없을 정도이기 때문이다. 오히려 그런 편리는 히말라야에 대한 불경스러운 자세일지도 모른다. 벽을 뚫어 옹색한 액자를 만들기보다 옥상을 열어 시점을 높이면 닐기리 연봉과 함께 멀리 다울라기리Dhaulagiri(8,167미터) 봉이 한눈에 다가올 것이며 활주로 옆 마을의 풍경과 계곡을 흐르고 있는 깔리 간다끼 강 유역이 웅대한 파노라마를 만들어 줄 것으로 기대했다.

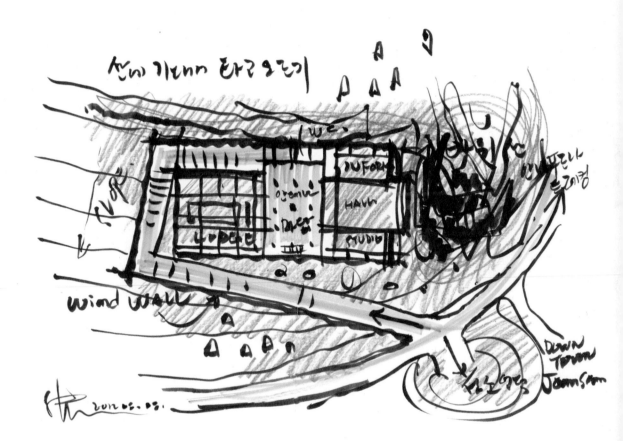

형태

돌담으로 둘러싸인 공간은 결국 이곳의 건축처럼 닫힌 모습이 된다. 지붕의 난간까지 돌 벽을 올리게 되면 진입로의 비스듬한 돌담 위로 다시 돌담이 겹쳐지는 형국이 될 것이다. 공개홀의 지붕이 높이를 달리하고 고가수조의 벽이 탑처럼 솟아 변화를 만들지만 룽따가 걸린 안테나 기둥으로 중심을 잡으면 형태는 그저 밋밋한 모양이 된다. 돌을 쌓은 궤의 모습으로 단순한 형태를 만들려는 것은 지각이 요동치고 있는 자연의 풍광에서 건축은 그다지 모양을 만들지 않아도 충분할 것으로 생각했기 때문이다.

자연과 인공은 이미 상반되는 것이다. 그러니 건축은 꾸미거나 과장된 모양이기보다 그저 그런 모습만으로도 자신의 존재를 충분히 나타낼 수 있다. 돌쌓기만으로 형태와 질감을 만들 수 있다면 그것으로 손질을 멈추려고 했다. 돌은 그 땅에서 얻은 것이므로 앞의 언덕과 뒤의 산 사이에서 커다란 바위 느낌을 줄 것이다. 기교를 덧붙이거나 작위의 모양을 시도하는 것은 특이할 수는 있으나 자연에 대한 모욕이다. 설사 특이한 형태를 만들더라도 표피적인 감각은 금방 시각적인 피로를 일으켜 한 번의 시선으로 끝난다. 그보다 더 감각을 동원해야 하는 것은 산을 배경 삼아 건축이 저절로 땅에서 솟아나는 모습을 만드는 것이다. 산기슭의 일부처럼 자리 잡고 건축과 땅이 만나는 연결이 어색하지 않으려면 접지의 방법이 자연스러워야 한다. 주변의 자연석을 모아 기울어진 기단을 만들고 돌 틈에 풀과 나무를 심으면 생경한 모습을 지울 수 있을 것이다.

건축의 형태는 그림처럼 꾸며지는 것이 아니라 사람의 눈높이에서 다양한 각도로 경험되는 사차원의 감각으로 읽힌다. 평면적인 비례와 조화는 별 의미가 없다. 단순한 돌의 덩어리이지만 시각에 따라 변화하는 건축의 표정을 만들어야 했다. 언덕을 타고 오르는 연속성은 길게 이어지는 호흡을 갖는다.

공간

단단한 돌로 만들어진 무거운 덩어리에 이곳저곳 비어 있는 사이를 만들어 감각적인 무게를 줄였다. 내가 시도하려는 것은 벽의 두께를 해체하는 것이다. 웅크리듯 외부와 단절된 폐쇄적인 공간의 벽을 각각의 기능으로 나누었다. 바람을 막는 돌의 벽과 실내를 거두는 유리의 벽으로 나누면 그 안에 '사이'를 만들 수 있다. 나뉘어서 벌어진 그 틈은 안과 밖으로 단단히 구분되어 있는 공간의 경계를 풀어서 여는 방법이다. 그 사이는 작게는 툇마루 같은 테라스가 되고 크게는 마당처럼 중정이 된다. 열린 경계는 안과 밖을 명확하게 구분하지 않는다. 유리의 벽은 공간의 크기를 한정짓지 않아서 돌담과 마당으로 영역을 확장한다.

땅의 공간을 건축의 것으로 빌려 오면 더 큰 공간을 경영할 수 있다. 벽과 지붕이 있고 없음으로 안과 밖을 구분하는 것이 아니라 쓰임에 닿는 모두를 공간으로 삼는 것이다. 공간을 안의 것으로만 여기면 자연의 큰 공간을 거둘 수 없다.

바람으로부터 보호된 뜰과 마당은 한정된 공간을 넓게 쓸 수 있는 여유이고 여백이다. 열악한 환경의 조건이라 하더라도 오늘의 생각을 동원하면 충분한 여유를 만들 수 있지 않을까. 특별한 기술이 아니라 공간을 이루는 방법을 바꾸는 것만으로…

사이에 빛과 바람을 두어 자연을 심으면 공간은 소통의 장치가 되어 가두어질 수밖에 없는 공간을 열고 그로부터 자연과의 관계를 만드는 공간이 될 것이다.

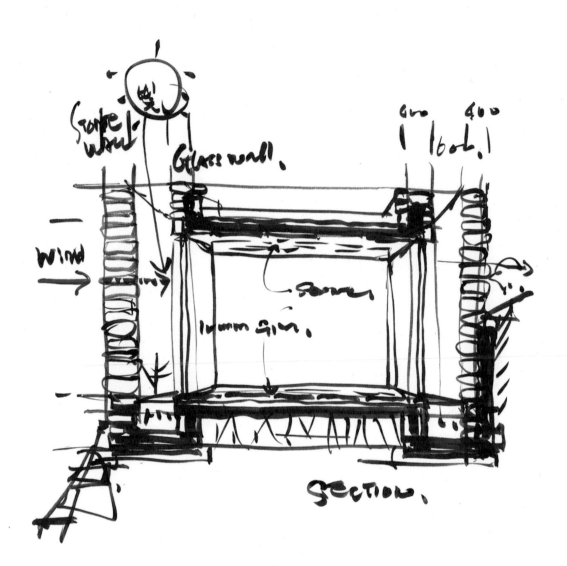

건축

아무런 규제가 없는 자연을 배경 삼아 네팔의 고원에 만드는 바람을 품은 돌집은 현지의 조건과 주어진 용도의 기능 해결을 과제로 받아 새로운 해답을 찾는 것이다. 건축하는 것은 단순히 건물을 만드는 행위가 아니라 건물에 대한 생각을 만드는 과정이다. 그저 주어진 기능과 면적을 해결하는 건설 작업이라면 오지를 찾아 힘든 작업을 할 이유가 없다. 새로운 땅과 사람을 만나고 그곳에 어울리는 건축을 구상하는 작업에서 내가 얻으려고 하는 것이 무엇인지 목표를 정해야 했다. 재능을 기부하는 것이 아니라 또 하나의 재능을 찾아내 내 것으로 삼는 것이다.

방송국으로 기능하도록 공간을 구성하는 것은 어렵지 않으나 현지의 조건에 적응하려면 그곳의 지혜를 빌려야 한다. 무스땅의 전통 건축은 풍토의 문제를 한 묶음으로 해결하기 위해 두꺼운 외피로 건축을 구축하고 있었다. 건기와 우기에 따라 방향이 바뀌는 강풍을 맞받아야 하는 대지의 조건과 극심한 일교차를 갖는 기후임에도 난방장치 없이 건축을 유지해야 하는 풍토의 조건을, 그 땅의 재료에 오늘의 방법을 더해 재구성하려고 한다.

특이한 디자인과 특별한 기술을 구사하는 것이 아니라 그곳의 재료와 그곳의 기능으로 그곳에 익숙한 건축이 되어 그곳 자연의 일부가 되고 그곳의 일상에 녹아들 수 있도록 한다.

2012/07/25   MBC에 "바람을 품은 돌집" 설계안 설명

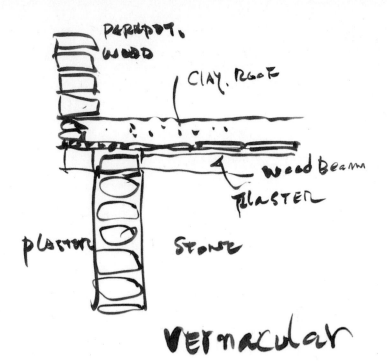

PARAPOT,
WOOD

CLAY. RGOF

WOOD BEAM

PLASTER

PLASTER   STONE

Vernacular

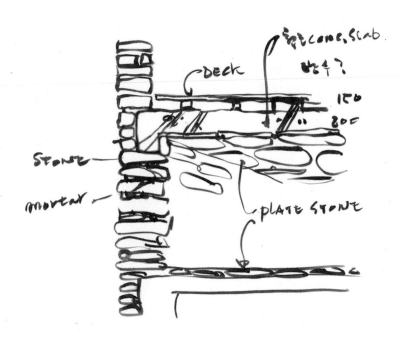

콘크 CONC, Slab
방수?

DECK

150
200

STONE

mortar

PLATE STONE

동의

2012년 8월 6일, 설계도로 정리된 생각을 그림과 모형으로 만들어 준영군과 함께 다시 네팔로 향했다. MBC의 실무담당인 김무연 씨와 다큐멘터리를 제작할 프로듀서, 유현 부장, 라푸마의 홍보담당 이승용 씨와 함께 길고 짧은 세 번의 비행을 치룬 뒤 좀솜에 내렸다.

정확한 측량도도 없이 첫 답사 때의 느낌과 사진만으로 기억을 더듬어 설계를 만들었으니 우선 부지의 조건과 내 생각이 부합하는지 확인해야 했다. 또 어떤 집이 만들어질지 기대하고 있을 주민들에게 설계 내용을 설명하고 그들의 동의를 얻고 싶었다. 지원하는 입장에서 보면 주는 대로 받으라고 할 수도 있겠지만 내가 제안한 건축은 결국 그들에 의해 지어지고 사용되고 다듬어질 것이기에 건축주는 KOICA도 MBC도 아닌 바로 그들이다. 더욱 중요한 일은 내 생각을 구현해 줄 시공자에게 설계의 실현 가능성을 타진하는 것이었다. 구체적인 설계가 만들어졌으므로 그것을 시공하는 방법과 소재의 확보에 관한 확인은 반드시 필요한 과정이다. 현지 시공자가 감당할 수 없는 기술이나 구할 수 없는 재료를 요구하는 것은 곧 제대로 된 완성을 보지 않겠다는 작정과 다르지 않기 때문이다.

방글라데시의 국회의사당을 설계한 루이스 칸Louis I. Khan의 작업 기록을 보면 프로젝트를 맡은 뒤 그가 한 첫 일은 설계 실무자를 현지에 보내 그곳 기능공들의 수준과 건축에 사용할 재료의 성능과 질을 실제 실험으로 확인하는 것이었다. 건축의 완성은 고난도의 기술과 재료의 구사로 만들어지는 것이 아니라 설계의 의도와 시공 결과가 합치했을 때 이루어지는 것이다. 방글라데시를 답사했을 때 거칠 뿐만 아니라 때로는 조악하기까지 한 마감이었음에도 소름이 돋는 감동을 느꼈던 경험을 생각하면 내가 만들 네팔의 경우도 그와 다르지 않을 것이었다.

다시 무스땅 땅을 밟게 되었다. 처음 찾았을 때의 생경함은 익숙한 것으로 바뀌었고 RITDC의 멤버들과도 구면이 되어 더 이상 낯설지 않았다. 부지를 확인해야 하는 급한 마음에 곧장 언덕에 올라 방송국이 놓일 자리를 살폈다. 마을 쪽 바위언덕은 이미 포기했으므로 미련을 접어야 했지만 아쉬운 마음에 그곳으로 눈길이 자주 가는 것은 어쩔 수 없었다. 아쉬움을 달래며 현장을 확인하던 중 설계에서 예정했던 건물의 위치를 좀 더 뒤로 밀어 진입로와 건물 사이에 주차공간을 확보하기로 했다.

바위언덕에서 물러났으므로 애매해진 마을과의 시각적인 연결을 아예 포기하고 주어진 땅의 조건에 충실하기로 한 것이다. 주민회관으로 자리를 옮겨 준비해 간 모형, 그림과 도면으로 설계 개념과 의도를 주민들에게 설명했다.

"우리의 땅과 무스땅의 땅은 모두 산이 많아 서로 지형이 비슷하다. 그러므로 땅과 건축이 관계를 맺는 방법도 닮아 있다. 우리 전통이 갖고 있는 가치만큼 이곳의 전통을 존중한다. 라디오 방송국의 공식 명칭은 "세상에서 가장 아름다운 방송국"이나 내가 생각한 건축의 주제이자 제목은 "바람을 품은 돌집"이다. 방송국이니 방송이 주기능이겠지만 마을의 주민 모두가 이용하는 열린 공간을 만들고 싶다. 돌을 모아 집을 지을 것이니 여러분도 함께 참여해 달라."

공간의 구성이나 재료의 사용 등에 관해 그들은 흔쾌히 공감해 주었다. 열린 중정으로 들어올 흙먼지를 걱정하는 의견이 있었으나 중정을 닫으면 얻는 것보다 잃는 것이 더 많을 것이라 설명하고 이중의 벽과 창호 등에서 실제적인 방안으로 상세히 해결할 것이라고 했다. RITDC는 이제 설계가 되었으니 날이 밝는 대로 안나푸르나의 산신에게 당신의 땅을 건드린다는 신고, 일종의 개토식開土式을 준비하겠다고 했다. 예상했듯이 허가 수속 등 우리 식의 복잡한 절차는 아예 존재하지 않았다.

2012/08/07   정리된 설계 개념과 스케치, 모형을 가지고 좀솜으로 가 RITDC 회원들에게 설계 개념 설명

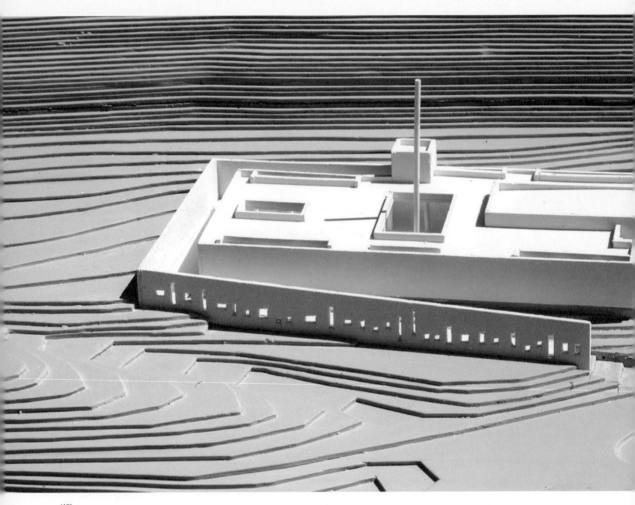

사진
바람을 품은 돌집 모형

뒤이은 저녁식사 자리에서 이경섭 씨와 현지인 시공자에게 설계 내용을 설명했는데 이런 정도의 공법과 재료라면 큰 어려움 없이 공사를 진행할 수 있다고 했다. 다만 석재를 제외한 대부분의 자재를 카트만두와 뽀카라에서 반입해야 하므로 날씨와 도로 사정에 따라 공정에 문제가 발생할 수 있으며 기능공들도 거의 아래에서 데려와야 하는데 현장이 장기간 마비되지 않으려면 축일과 휴일이 서로 다른 힌두교도와 불교도를 반반씩 구하는 것도 문제라고 걱정했다.

방송국뿐만 아니라 산 위에 송출탑을 건설하는 프로젝트까지 맡은 이경섭 씨의 역할은 매우 컸다. 오지에서 벌이는 일인 만큼 현지의 환경과 관습 등은 물론 자재의 운송과 인력 동원 계획까지 이곳의 실정에 정통한 이경섭 씨의 도움이 없었다면 우리는 온갖 시행착오로 중간에 주저앉을지도 모르는 일이었다. 설계의 주안점을 살리는 범위 내에서 현지의 사정을 감안하는 부분적인 조정을 마친 뒤 다음날 현장에서 만나 건물의 위치를 확정하기로 했다.

2012/08/07   현지 시공사인 삼부토건 네팔법인의 이경섭
지사장과 공법, 자재 조달, 인력 동원 등
공사 전반에 관해 상의

개토

이동이 불편한 산 위의 호텔대신 마을의 소박한 로지에서 하룻밤을 지내고 이튿날 아침 언덕에 오르니 시공자는 이미 말뚝을 박고 줄까지 매어 두고 있었다. 대지 경계조차 없는 땅이어서 설계된 크기를 나름 적당하다 생각되는 위치에 잡아 두었는데 그리 마음에 들지 않았다. 처음 계획보다 물러나 앉게 되어 닐기리 연봉이 산자락에 가려졌으므로 마침 아침 햇살을 받아 선명히 모습을 드러내고 있는 다울라기리가 잘 보이도록 산기슭으로 더 밀어 올리고 각도를 틀어서 위치를 조정하게 했다. 이왕이면 다울라기리가 방송국의 주산이 되도록 하고 싶었는데 축을 맞추기에는 대지의 방향이 어긋나 있어서 땅이 허락하지 않았으므로 그만 아쉽게 되고 말았다.

곧이어 라마승의 염불로 주민들이 마련한 개토식이 시작되었다. 땅과 산에 대한 이들의 관념은 우리와 다를 것이 없었다. 구덩이를 파고 다듬은 돌을 놓은 다음 향을 피우고 쌀과 붉은 가루 띠까Tika와 측백나무 잎

사진
다울라기리가 잘 보이도록
산기슭으로 더 밀어 올려 위치를
잡았다.

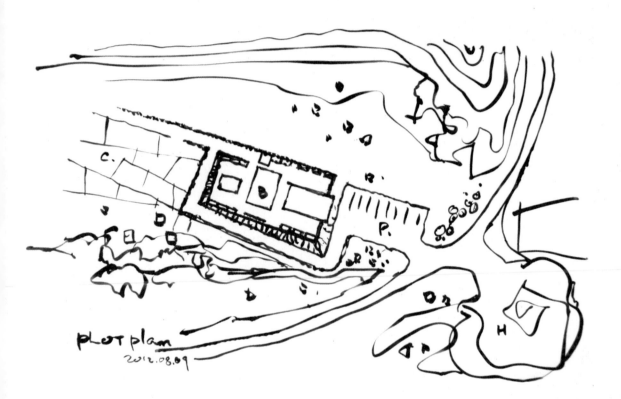

PLOT plan
2012.08.09

사진 1
라마승의 염불로 시작된 개토식

사진 2
구덩이를 파고 다듬은 돌 위에
쌀과 붉은 가루 따까와 측백나무
잎을 얹은 모습

을 얹은 뒤 스님 앞 쟁반에 시주를 하는 것이 순서였다. 얕은 지식으로도 쌀과 띠까와 측백이 힌두교의 신 시바를 상징하는 것인데 힌두교의 제물이 불교의 예식에도 사용되고 있어서 신기했다. 한편 생각해 보면 불교는 힌두교에 바탕을 두고 있고 힌두교는 고대의 민속신앙에 기원을 둔 것일 테니 형식을 따져 구분하는 일이 부질없을지도 모른다.

네팔의 국교는 힌두교이다. 그럼에도 석가모니가 카트만두를 찾아 설법했던 것으로 알려져 있고 기원전 250년경에는 인도의 아쇼카Ashoka 왕이 네팔에 불교를 널리 알렸으며 그의 딸 바이시나바라Vaishnavara를 네팔 왕자 데바빨라Devapala와 결혼시키고 빠딴에 스투파를 세운 역사가 있는 것처럼 이곳의 불교 역시 뿌리가 깊다.

네팔의 힌두교와 불교는 오랜 시간의 공존으로 서로 영향을 주고받아서 많은 것이 겹쳐져 있다. 그러나 쉽게 이해되지 않는 것은 두 종교의 공존이다. 불교가 힌두교에서 시작한 것은 유대교와 기독교 그리고 이슬람교의 관계처럼 상식에 속한다. 하지만 카스트 제도에 묶여 신분이 세습되는 힌두교와 달리 누구나 부처가 될 수 있는 불교의 정신이 어찌 어울리고

있는지 불가사의했다. 그리 보면 이곳은 인도처럼 신분 제도가 겉으로 뚜
렷하게 나타나 보이지 않았다. 그들의 속내까지 들어가 보지 못한 외국인
의 입장에서 함부로 단정 지을 일은 아니나 두 종교 간의 구분은 모호했
다. 힌두교의 시바가 불교로 가면 스바얌부Svayambhu가 되고 스바얌부는
또 되돌아 시바가 되는 것처럼…. 네팔에서 두 종교를 구분 짓는 것은 어려
울 뿐만 아니라 별 의미가 없다. 밀교Tantrism 성격이 강한 티베트 불교의 영
향아래에 있었던 무스땅의 타까리족에게도 힌두교는 다른 종교가 아니었
을 것이다. 돌아온 뒤 조경가 안상수 선생께 연유를 물었더니 다음과 같은
자세한 설명을 보내 주었다.

측백나무Thujopsis Dorabrata는 도끼처럼 생긴 생명의 나무라는 뜻이다.
힌두교에서 시바는 불길을 지배하고 눈에 보이는 현실, 건축적으로
보면 중력을 관장하는 신이다. 중력을 관장하기 때문에 파괴도 할 수
있고, 돈에 중력을 작용시켜서 차곡차곡 쌓이게 해서 부를 관장하며,
부에 따라오는 행운도 시바의 권한이다. 시바는 주초를 세울 때 당연히
신고식을 해야만 하는 신이 된다. 시바는 제우스처럼 불을 관장하는
신이기도 한데 'Dora-'는 불꽃을 뜻한다. 'Dorabrata'는 불꽃(번개)을
부르는 도끼(망치)라는 의미로도 볼 수 있기 때문에 천둥과 농업을
주관하는 토르Thor의 망치와 같다. 측백나무 가지에 나 있는 문양으로
옛사람들은 신화와 결부시켰는데 지리적으로도 멀리 떨어진 사람들이
비슷한 생각을 했다니 신기하다. 한자에서 측은 좌측 우측의 '側'이니
방향이나 기울어진 상태를 뜻하고, 백은 나무목과 흰백을 결합시킨
'柏'이다. 따라서 측백은 '하얀 방향으로 기울어진 나무'란 뜻으로 붙은
이름이다. 그럼 '백'은 어느 쪽일까? 좌청룡 우백호가 힌트이다. 백은

서쪽을 의미하니 측백은 서쪽으로 가지가 기울어진 나무이다. 측백은 서쪽으로 향하는 호랑이를 상징할 수도 있다. 측백나무는 시바를 위해 바치는 생명의 나무이다. 집이 생명을 갖고 불꽃처럼 번성하길 바라는 의미이다. 붉은 색 띠까는 백단나무Sandalwood의 가루에 천연 염료를 혼합해서 만든 반죽이다. 백단나무 기름Sandalwood essential oil은 20년 이상 된 백단나무 심재와 나무뿌리에서 증기로 뽑아낸 오일이다. 정신과 육체를 치료하는 데 사용한다고 해서 명상에 들 때 쓰인다. 이마에 붉은 점을 찍는 것은 제3의 눈을 만드는 행위이다. 시바는 '제3의 눈'이다.

묵띠나뜨

집터를 다시 잡고 고르는 작업을 준영 군에게 지켜보라 이르고 그 사이에 힌두의 성지 묵띠나뜨(3,800미터)를 찾아보기로 했다. 걸으면 하루 거리여서 순례자뿐만 아니라 트레커들이 즐겨 찾는 곳이지만 걸어갈 형편이 아니어서 현지의 택시인 랜드로버를 이용하기로 했다. 이경섭 씨가 동행하기로 했으므로 처음 가는 길이지만 편하게 다녀올 수 있는 답사가 되었다. 힌두교 순례자들을 실어 나르는 합승택시 랜드로버는 현장아래 공터에서 손님을 가다리고 있었는데 가족으로 보이는 한 무리의 인도인들과 동승하게 되었다. 깔리 간다끼 강을 거슬러 오르는 길은 샛강을 가로지르는 자갈길과 계곡을 끼고 도는 좁은 길 그리고 언덕 위의 평원을 내달리는 울퉁불퉁한 길이 반복되는 험한 길이었다.

그러나 마르파 루트보다 더 장엄하게 펼쳐지는 풍광은 두 시간 여의 털털거림을 상쇄하고도 남았다. 지층의 요동을 그대로 보여 주고 있는 지각의 비틀리고 꺾이며 휘어진 모습은 다시 오랜 시간 자연의 조화가 만들어 낸 침식으로 기기묘묘한 장면을 연출하고 있었다.

사진
지형의 박물관 같은
묵띠나뜨 풍경

2012/08/08   힌두의 성지 묵띠나뜨 답사

Mukinath 2011. 05. 03.

강역의 자갈길을 달리다 언덕에 오르자 멀리 강이 두 갈래로 갈라지는 어귀에 사막의 오아시스처럼 자리한 마을이 보였다. 까그베니 Kagbeni(2,840미터)였다. '까그'는 경계라는 뜻이고 '베니'는 강이 만나는 곳이라 하니 우리 식으로 말하면 두물머리에 있는 상 무스땅의 관문이 되는 마을이다.

상 무스땅의 여정은 최소 열흘 정도를 예정하고 걸어야 하는 코스인데 한가한 입장이 아니기도 했으며 모험을 감행하기에는 비싼 입장료와 가이드 등 팀을 꾸려야 하는 비용이 아니더라도 나이와 체력을 생각해야 할 형편이어서 여기서 보는 것으로만 호기심을 채워야 했다.

까그베니를 앞두고 오른쪽 길로 돌아들어 고도 3,000미터 정도에 이르자 약간의 두통이 왔으나 견딜 만한 정도였는데 눈앞에 광활한 평원이 펼쳐지기 시작하자 그마저 사라져 버렸다. 그랜드 캐니언의 테이블 마운틴처럼 두꺼운 퇴적층에 풍화와 지층의 변화가 일어나 계곡으로 갈라진 것인데 마치 솟아오른 듯 보여서 빙하평원 또는 활주로 지형이라 불리기도 한다. 마치 지형의 박물관 같은 풍경에 넋을 놓고 있는 동안 묵띠나뜨에서 내려오는 지류로 접어들었는지 어느새 계곡에는 검은 물대신 맑은 물이 흐르고 푸른 숲과 계단식 경작지가 나타나기 시작했다. 도중에 킨가르 Kingar(3,400미터), 자르꼬뜨Jharkot(3,500미터) 등 크고 작은 마을을 지나게 되었는데 내 눈에는 집과 담을 쌓은 돌만 보였다. 마을마다 돌의 모양과 색이 조금씩 다른 것은 주변의 지질에 따라 석재의 결과 질이 다르기 때문이겠지만 어떤 질감이 내가 그리고 있는 느낌과 어울릴지 대입해 보느라 머릿속이 복잡했다. 그러나 제대로 정리하지도 못하고 생각을 놓아야 했다. 운전수가 한껏 틀어 놓은 인도 음악, 남녀의 야릇한 가성이 반복되는 노랫소리와 동승한 인도인 가족이 떠드는 소음으로 그만 뒤범벅이 되고 말았

기 때문이다.

묵따나뜨의 사하촌寺下村 격인 라니빠우아Ranipauwa에서 내려 숨을 고른 뒤 가파른 계단을 올라 사원을 찾았다. 명성에 비해 초라한 사원의 모습이 실망스러웠으나 사막의 오아시스처럼 우거진 숲은 이곳이 예사롭지 않다는 것을 느끼게 했다. 순례자의 몸을 씻어 주는 108개 꼭지의 물줄기와 커다란 욕장을 채운 물은 사원 뒤 언덕의 샘에서 흘러내리고 있었는데 안나푸르나 연봉의 모든 정기를 모은 듯 맑고 힘차게 솟고 있었다. 온 산을 뒤덮고 있는 오방색의 룽따와 군데군데 쌓아 놓은 돌탑인 쪼르텐Chorten으로 만들어진 종교적인 분위기는 힌두 신앙의 시작이 어쩌면 물이었을지도 모른다는 생각을 하게 했다.

라니빠우아로 내려와 달과 난, 찌야로 간단한 요기를 하며 주변을 살펴보았는데 식당의 고색과 달리 순례자를 위해 새로 지은 호텔들의 어설픈 모습은 생경한 풍경을 만들고 있었다. 신성한 장소라는 이유가 사람을 불러들이는 원인이 되고 사람이 모인 결과로 신성함이 망가지는 악순환은 이곳이라고 예외가 아니었다. 그 과정에 건축이 한몫을 하고 있으니 그 일을 하는 입장으로 그저 난감할 뿐이었다.

돌아오는 길은 다시 뜻 모를 인도 음악과 언어의 소음을 참아야 하는 고행의 연속이었지만 오르며 보았던 풍경을 내려가며 보는 것은 색다른 느낌이었다. 드문드문 마주치는 트레커들의 여유로운 표정을 부러워하며 산과 강을 따라 펼쳐지고 있는 마을의 모습을 눈에 담는 동안 멀리 산구비 넘어 내가 만지고 있는 땅의 모습이 드러나기 시작했다. 연암이《열하일기》에 기록했듯이 길은 산과 강의 사이에 있었고 그 길에 여의어 있는 것은 인간의 삶이었다.

깔리
간다끼

현장에 다시 올라 조정된 건물의 자리를 확인하고 숙소에서 앞으로 진행할 여러 일들을 의논했다. 해가 지면 바람도 잦아들어 잠깐 한가로운 시간을 가질 수 있었지만 숙소 외에는 갈 곳이 없는 적막한 마을이어서 특산품이라는 사과주와 말린 사과를 안주 삼아 몸과 마음을 달래고 일찍 침대에 들어야 했다. 다음 날 새벽 닐기리 봉이 어둠을 걷어 내는 모습을 기대하며 눈을 뜨니 좀솜 계곡은 운무로 가득 차 있어 왠지 불길한 느낌이 들었다. 이른 아침 뽀카라에서 올라오는 비행기를 타기 위해 서둘러 식사를 마치고 짐을 챙겨 공항으로 나왔으나 좀처럼 구름이 걷히지 않아서 점점 초조해졌는데 결국 9시가 지나도록 경비행기의 프로펠러 소리는 들리지 않았다.

속절없이 하루를 더 머물러야 하는 지경이 되었다. 카트만두에서 타야 하는 내일 오후의 귀국 항공편을 놓치지 않으려면 단 하루밖에 여유가 없었다. 다음날의 비행기를 기다리기에는 날씨가 여전히 불안했으므로 일행과 의논한 끝에 뽀카라까지 버스로 8시간이 걸린다는 육로를 택하기로 했다. 예정에 없던 타까리족의 영지 깔리 간다끼 계곡을 여행하게 된 것이다. 마침 출발하는 버스가 있어서 일행은 서둘러 행장을 옮겼다.

타까리족은 몽골계의 타딴Thatan족 일파가 남하해 깔리 간다끼 계곡의 타끄 코라Thak Khola 지역에 정착한 부족이다. 현재는 700여 가구가 계곡의 서쪽 다울라기리 기슭에 13개의 마을을 만들어 흩어져 살고 있다. 이들은 네팔과 티베트의 교역을 중계하는 일을 생계로 삼았다. 부족의 이름 타까리는 중재자 또는 협상가라는 뜻을 갖고 있다.

좀솜에서 나와 마르파를 거치고 뚜꾸쩨Tukuche와 꼬방Kobang을 지날 때까지 버스 여행은 순조로웠다. 해발 2,700미터인 좀솜에서 800미터인 뽀카라까지 내려가는 행로는 고도를 따라 기후와 식생의 풍경이 변하

사진 1
온 산을 뒤덮고 있는 룽따 .

사진 2, 3
곰빠와 힌두신앙의 돌탑 쪼르텐

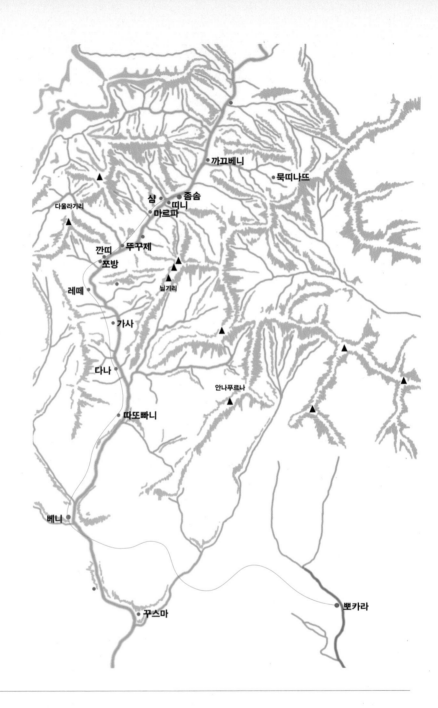

그림
깔리 간다끼 계곡

까끄베니
묵띠나뜨
샹 • 좀솜
다울라가리 띠니
마르파
뚜꾸제
깐띠
쪼방
닐기리
레떼
가사
다나
안나푸르나
따또빠니
베니
뽀카라
꾸스마

는 경치를 감상할 수 있는 멋진 코스였다. 낡은 버스로 포장되지 않은 길을 달리는 것이 그리 편한 일은 아니었지만 고교 시절까지 남해안의 자갈길 신작로를 오갔던 옛 기억을 되살리면 오히려 낭만이었다. 그러나 두 시간쯤 달린 뒤 점심식사를 위해 들른 가사Ghasa의 식당에서 불길한 소식을 듣게 되었다. 산사태로 뽀카라로 내려가는 길이 여러 곳 끊어졌다는 것이다. 좀솜 쪽도 마찬가지여서 돌아갈 수도 없다고 했다. 진퇴양난이다.

일행의 에스코트를 맡고 있던 가이드 니르 구룽과 이경섭 씨는 몇 곳에 전화를 해 보더니 차량으로 갈 수 있는 곳까지 이동해서 다음 차량이 있는 곳까지 걸어가는 수밖에 없다고 했다. 트레킹 외에는 달리 방법이 없었다. 부랴부랴 포터를 구해 가방을 지게하고 랜드로버로 갈아탔다. 아래에서 걸어오는 주민이나 트레커들에게 도로 사정을 알아보는 한편 운전기사는 휴대 전화로 동료들과 연락해서 다음 차량이 연결될 지점을 확인하며 굴러 내린 바위와 깊게 패인 웅덩이를 피해 곡예를 하듯이 차가 갈 수 있는 곳까지 내려가야 했다.

길이 허물어졌거나 막힌 곳에 다다르면 차에서 내려 구름다리가 놓인 계곡을 건너가 산길을 걷다가 다음 차가 와 있는 곳에서 다시 계곡을 건너와 이동하기를 반복했다. 기본적인 트레킹 장비도 갖추지 못한 형편에 습기와 열기로 피로해진 몸을 추스르며 걷는 일은 마치 유격 훈련과 같았다. 목에 걸은 카메라는 내던지고 싶을 정도로 거추장스러웠다. 그러나 걸으며 보는 자연과 마을과 건축과 주민들의 모습은 비행기와 자동차로는 불가능한 눈높이의 실상이어서 카메라를 포터에게 들라고 할 수도 없었다. 몸은 지쳤어도 감각은 살아 있어야 했기에 끝이 보이지 않는 행군이었지만 결코 힘들기만 한 것은 아니었다.

8,000미터 급의 다울라기리와 안나푸르나의 사이를 깔리 간다끼

사진
다울라기리와 안나푸르나
사이를 흐르는 깔리 간다끼 강

강이 헤집듯 흐르는 계곡은 세계에서 가장 깊은 골짜기를 이루고 있다. 그랜드 캐니언의 폭에는 미치지 못하지만 좀솜에서 뽀카라까지 2,000미터의 고도를 오르내리는 깊이는 쉽게 가늠할 수 없는 것이었다.

지금은 차가 다니도록 길이 열려 있지만 강을 따라 난 이 길은 먼 옛날 인도와 티베트를 오가던 보부상과 당나귀들의 발걸음으로 다져진 길일 것이다. 수십 세기에 걸쳐 이 길을 오갔을 발자국에 쌓인 수많은 이야기들을 알 수는 없어도 시간이 쌓인 길을 걷는 느낌은 색달랐다. 도중에 마주치는 트레커들 중에는 아들과 함께 걷는 아버지가 있는가 하면 무리를 지어 희희낙락하는 젊은이들도 있다. 때로는 내려가는 우리의 발품이 무색하게 무거운 짐을 이마에 지고 묵묵히 걷고 있는 아낙의 모습도 있었다. 인생을 이야기하는 걸음도 인생을 지고 가는 걸음도 모두 자연의 일부가 되는 길이 길게 이어지고 있었다.

고원의 건축은 아래로 내려가며 고도에 따라 조금씩 변하고 있었다. 돌 벽 위에 너와를 얹어 낮게 기울인 지붕이 나타나기 시작했고 아래로 갈수록 박공의 물매가 급해지다가 어느 지점부터는 침엽수가 활엽수로 바뀌면서 돌 벽 대신 판자로 이은 집들이 나타나기 시작했다. 어느덧 야생 바나나 숲이 나타나는 곳에 이르자 벽돌을 사용한 건축이 보이기 시작했는데 도시와 가까워지고 있다는 징후는 기와지붕을 갖춘 네와르 양식의 빈도가 잦아지면서부터였다. 건축 형식의 변화는 그 땅의 기후 조건과 그 땅에서 얻을 수 있는 재료에 의한 것임을 예정에 없던 고행으로 다시 한 번 확인한 셈이다.

따또빠니Tatopani에 이르자 해가 지기 시작했다. 걷고 타기를 반복하며 질퍽이는 길에 빠지기도 하고 칠흑같이 어두운 숲속을 헤매기도 하는 고난의 행군이 계속되었다. 다행히 베그콜라Begkhola에 이르자 도로 사정

이 나아졌다. 마지막으로 갈아 탄 랜드로버는 전조등만 의지한 채 캄캄한 숲길을 달렸다. 얼마를 달렸을까 드디어 도시처럼 보이는 불빛이 나타났는데 베니Beni였다. 늦은 시간이었지만 식당을 찾아 끼니를 해결하고 이경섭 씨가 마련한 승합차에 올랐다. 뽀카라까지 가는 길은 포장도로여서 지친 몸은 나락으로 떨어지듯 잠으로 빠져들었다. 다섯 번이나 차를 갈아타야 하는 고행을 치룬 끝에 뽀카라에 도착하니 날이 바뀌어 새벽 한 시가 넘어 있었다.

좀솜에서 베니까지의 거리는 직선으로 약 50킬로미터이고 다시 뽀카라까지는 40킬로미터 정도인데 터널이라고는 찾아볼 수 없는 구불구불한 산길을 100킬로미터도 훨씬 넘게 이동한 것이다. 타고 걸어 열다섯 시간이 걸린 셈이다. 걸은 시간만 아마 열 시간 이상이었을 것이다.

로지를 빌어 땀과 진흙으로 범벅이 된 몸을 씻고 잠시 눈을 붙이기는 했으나 카트만두 행 국내선마저 이용할 수 없게 되어 다시 카트만두까지 여섯 시간이 걸리는 버스를 타려면 서둘러야 했다. 네팔의 중부를 가로지르는 풍경을 제대로 감상하지도 못한 채 2차선 고속도로(?)를 부지런히 달려 귀국하는 비행기를 다행히 놓치지는 않았지만 다시 하라면 엄두도 내지 못할, 그러나 소중한 추억을 갖게 되었다.

2012/08/11   뽀카라에서 버스를 타고 카트만두를 경유해 귀국

사진 1, 2, 3
트레킹 장비를 갖추지 못한
채 구름다리를 건너고 산길을
걷다가 다시 계곡 길을 걸어
열다섯 시간 걸려 뽀카라에
도착했다.

설계

돌아와 설계를 다듬는 내내 마음속에 떠도는 그림은 자연의 질감이 거칠게 나타나는 질박한 모양과 두껍게 가두어진 어둠으로 바람을 타고 들어온 고원의 빛이 맑게 스며드는 장면이었다. 돌 쌓은 벽으로 바람을 눅이고 돌의 결을 따라 빛이 스미는 미장센으로 돌과 빛이 한가득 어우러지는 빛의 우물을 만들기로 했다. 철근콘크리트로 구조를 보강해야 했지만 중정의 기둥 외에는 드러나지 않도록 했다.

그러나 공개홀의 기둥은 돌을 쌓아 감추면 되지만 콘크리트가 노출되는 천장이 문제였다. 거친 미장을 생각했으나 마땅하지 않아 궁리하던 중에 바닥처럼 판석이 되면 어떨까라는 생각이 떠올랐다. 밑에서 붙이는 것이 아니라 거푸집에 판석을 깔고 콘크리트를 부어 굳히면 시멘트의 접착력과 판석끼리의 부착력이 능히 돌을 잡아 줄 것이라 생각했다. 그리하면 구조와 마감을 한 번에 완성하는 것이어서 마감의 공정을 줄이는 효과도 얻을 수 있을 것이다.

방송실과 조정실, 공개홀 등 음향 처리가 필요한 공간에도 벽과 천장에 현대적인 흡음판을 사용하거나 목재를 요철凹凸로 붙여 흡음 효과를 만드는 코펜하겐 리브copenhagen rib 대신 판석을 다듬어 석재 코펜하겐 리브를 만들기로 했다. MBC의 엔지니어도 잔향만 잡을 수 있다면 재료는 상관없다고 동의해 주었다. 화장실과 욕실 역시 타일을 사용하기보다 얇은 판석을 넓게 다듬어 사용하는 것이 쉽고 빠를 것이다. 외부만 돌을 사용하는 것이 아니라 실내까지 돌을 이용해 이름 그대로 돌집을 만드는 설계를 진행했다.

현지 기능공의 돌 다루는 능력을 이미 확인했기에 재료와 상세를 결정하는 일은 어렵지 않았다. 창틀은 당연히 목재를 선택했다. 네와르의 전통 건축을 만든 나무인 살을 사용한다면 비싸고 어울리지 않는 금속 틀

2012/08/27   아르키움과 MBC가 실시설계 및
감리 업무 계약 체결

을 세울 이유가 없었다. 다만 복층 유리가 아직 일반화 되어 있지 않아 두께 8밀리미터 판유리를 사용하되 방음이 요구되는 스튜디오와 조정실은 이중창을 설치하고 보온이 필요한 숙소 등에는 커튼을 설치하기로 했다.

난방 설비는 미묘한 문제였다. 추운 지역임에도 주택은 물론 호텔과 로지에서도 기계적인 난방 장치를 찾을 수 없었다. 주택의 경우 부엌의 부뚜막이 유일한 열원이었고 호텔 등 숙박시설에는 간단한 전열기구가 전부였다. 가축의 배설물을 연료로 사용할 수 있을 정도의 목초지도 없으며 나무가 자라지 않아 땔감 역시 부족한 무스땅의 환경에 적응한 결과일 것이다. 극지의 에스키모가 얼음집에서 맨몸으로 살듯이 난방을 하지 않는 생활

그림 1
지상층 평면도

그림 2
지붕 평면도

그림 3
입면도

그림 4
단면도

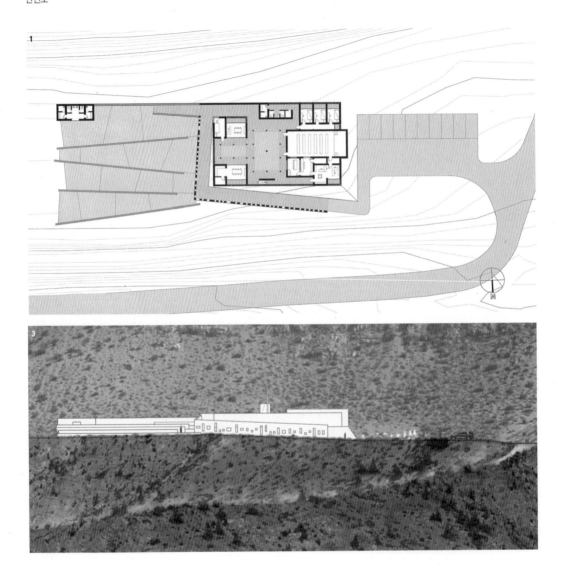

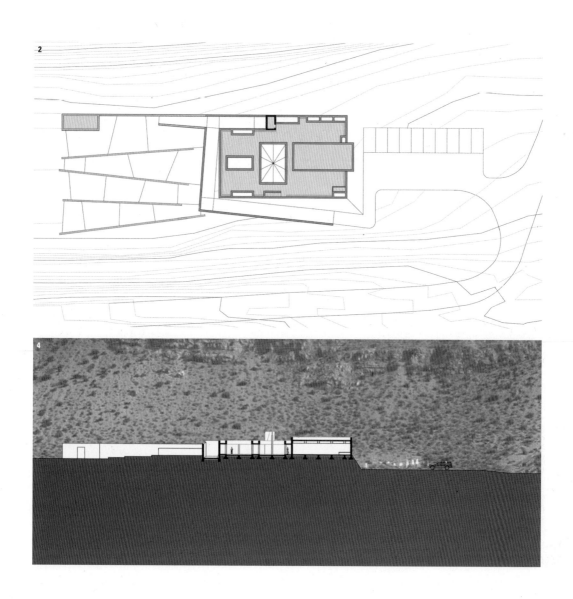

습관은 오랜 시간을 거쳐 풍토에 적응한 결과일 것이라 생각되었다. 흔한 판석을 이용해 온돌을 만드는 방법도 고려해 보았지만 역시 연료 공급의 문제가 해결되어야 했고 그들에게는 낯선 방식이어서 제대로 이용되지 않을 것이 분명했다. 결국 로마에서는 로마법을 따라야 하는 것처럼 외부인이 사용할 안내실에 벽난로를 하나 설치하기로 하고 나머지는 그곳의 방식을 존중하기로 했다.

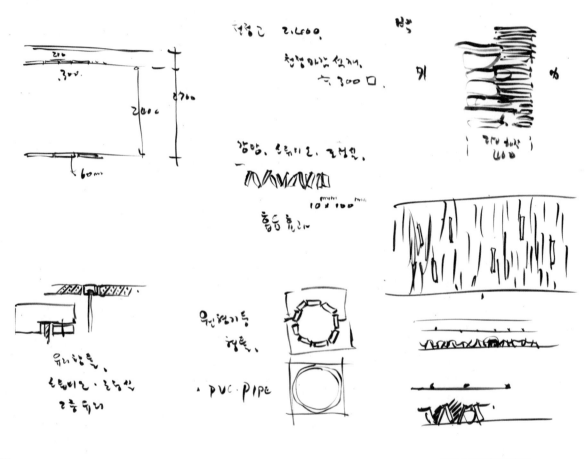

전기와 통신 설비는 배관 배선이 노출되지 않도록 매립하고 복잡한 방송 장비의 연결이 용이하도록 배관의 크기를 조정했다. 무엇보다 마감재인 돌의 질감만으로 공간의 느낌을 만들기 위해 기능적인 부품들은 가능한 보이지 않도록 숨겨야 했으므로 조명 기구는 판석에 구멍을 뚫거나 판과 판 사이의 틈에 매입해 필요한 조도가 확보되도록 배치했다.

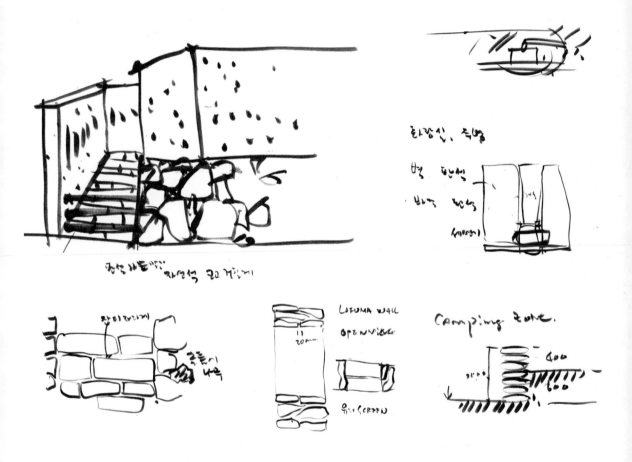

착공

8월 8일의 개토식 이후 현지에서는 진입로와 터 고르기 등 기본적인 토목 공사가 이미 진행되고 있었다.

완성된 설계도는 MBC를 거쳐 시행사인 삼부토건의 현지법인으로 넘어가 견적 작업과 공사계약을 거쳐 공식적인 착공일이 9월 21일로 잡혔다. 9월 10일 아르키움의 준영 군과 MBC의 김무연 씨가 준비 작업을 위해 현지로 먼저 떠났다. 이어서 9월 18일의 세 번째 출발은 MBC와 라푸마의 임원들과 함께 방콕을 경유해 카트만두로 들어가는 코스를 택했다.

착공식에는 KOICA가 기획한 "KOICA의 꿈" 행사가 함께 있을 예정이어서 다큐멘터리 제작팀 외에도 뉴스 제작팀과 KOICA 자원봉사 팀 등 대규모 인원이 동원되는 행사가 벌어질 예정이었다. 방콕과 뽀카라에서 두 밤을 지내고 9월 20일 아침 좀솜에 내렸다. 현장으로 올라가 토목 공사 결과를 확인하고 건물 자리를 다시 확인한 뒤 현지 시공자와 설계 내용을 검토했다.

다음날, 성대하게 치르려 했던 착공식은 육로로 올라오는 KOICA 팀의 도착이 늦어져 우리 일행과 주민들만 참석한 채 조촐하지만 전통적 격식을 갖추어 현장에서 거행되었다. 라마승이 집전한 착공식은 지난번의 개토식보다 더욱 의례를 갖춘 종교 의식이어서 격이 달랐다. 뒤늦게 합류한 KOICA 팀은 마을회관에서 주민들과 어우러져 잔치를 열었다. 사업의 진행에 관한 MBC의 설명과 완성된 설계 내용을 간추린 내 설명이 이어졌다. 이어서 주민들은 전통춤 공연으로 환영했고 KOICA 팀은 가수 홍란의 노래로 화답했다. 함께 온 MBC의 뉴스 팀은 내게 설계 의도와 작업 계획을 물었고 현지 느낌을 담기 위해 주민들과 인터뷰를 진행하는 등 분주히 움직였다.

좀솜의 부인회가 마련한 만찬장은 잔치 분위기였다. 지원을 주고받

2012/09/10 현장을 책임질 아르키움의 조준영 군이
네팔 현장으로 출발

는 서로 다른 입장이지만 모두 격의 없이 음식과 대화를 나누었다. 주는
쪽과 받는 쪽의 입장이 한쪽으로 기울게 되면 그 관계는 상호 교류가 아니
라 일방적인 시혜가 되고 만다. 서로 당당할 수 있어야 하는 이유는 그들
과 우리의 차이일 뿐 근본적인 우열의 차원이 아니기 때문일 것이다. 문화
와 문화가 만나는 잔치를 함께하며 우리의 도움이 과시의 도를 넘지 않아
야 그들의 공감을 얻게 될 것이라는 생각이 새삼 들었다.

　　이튿날 새벽은 닐기리가 선명하게 다가오는 화창한 날씨였다. 지난
번 고생을 다시 치르게 될지 몰라 전전긍긍하던 걱정이 기우에 그쳐 다행
이었다. 비행기는 예정대로 운항되어 뽀카라를 경유해서 카트만두로 무사
히 돌아올 수 있었다. 그런데 카트만두의 숙소인 드와리까 호텔의 분위기
가 범상치 않았다. 정통 네와르 양식의 건물 여러 채로 이루어진 구성이
조경과 함께 품격 있게 어우러져 있고 붉은 벽돌을 사용한 건물들의 기둥
과 추녀에 새겨진 목각으로 다채로움을 더하고 있었다. 더욱 흥미로운 것
은 호텔의 이름이 건축가 드와리까Dwarika, 1925~1996의 이름이며 바로 그가
호텔 소유주라는 것이다. 로비에는 그가 네와르 양식의 건물을 개축하거

119

2012/09/13
~09/15

진입로 토목공사와
부지 조성 공사

"The more I studied and toured Kathmandu Valley, I found our Culture is not understood and heritage is destroyed out of ignorance. With my firm belief that youth education must be based on culture and heritage, I decided to save the heritage first."

-Dwarika Das Shrestha
(1925 – 1992)

2012/09/25   정리한 부지 위에 줄을 긋고
기초 터파기 시작

사진 1
정통 네와르 양식의 건물들이
품격 있게 어우러져 있는
호텔 드와리까

사진 2
호텔 로비에 붙어 있는
네와르 건축에 대한 건축가
드와리까의 소회가 새겨진 동판

나 수집해서 옮겨 온 건축 과정을 소개하는 패널이 있었고 향을 피워 놓은 건축가의 영정 아래에는 네와르 건축을 사랑하고 지켜 내려 했던 건축가의 소회가 동판에 새겨져 있었다.

네팔도 캄보디아의 반 몰리반Vann Molyvann, 1926~, 스리랑카의 제프리 바와Geoffery Bawa, 1919~2003의 경우처럼 건축을 표상으로 삼아 자신의 문화를 이야기하는 건축가가 있는 것이다.

좀솜 현장에서 상주할 아르키움의 준영 군과 MBC의 김무연 씨에게 감리와 감독의 업무를 맡겼으니 작업 진행 과정은 보고를 기다리는 일만 남게 되었다. 또 작업 과정을 기록할 촬영 팀까지 남아야 했기에 모두 익숙하지 않은 풍토에서 고행을 감수해야 하는 일이 걱정이었으나 그들의 젊은 패기와 의욕이면 문제가 없을 것이라 생각했다. 준영 군에게 통신과 인터넷 사정이 불편하더라도 공정 보고를 자세히 전하라 일러두었는데 고원지대인 만큼 10월 중순부터 추위가 다가올 것이어서 기초 공사만이라도 해를 넘기지 않으면 다행일 것이라 예정해야 했다.

현장 작업은 순조롭게 진행되었다. 10월에 접어들어 추위가 찾아왔지만 해가 있는 동안은 작업하기에 무리가 없어서 예정대로 기초를 만들고 철근콘크리트로 지중보를 설치해 바닥 틀을 짜는 작업이 진행되었다. 상상으로만 존재하던 공간이 이제 일어설 준비를 하고 있었다. 설계 도면에 그려진 평면도가 땅위로 옮겨지는 과정을 인터넷 보고로 지켜보는 동안 준영 군에게 주변에서 구할 수 있는 돌의 종류와 쌓기 방법들을 조사하도록 일렀다.

건축의 형태는 공간을 구축하는 수단이므로 목적이 아닌 부차적인 요소라고 생각하고 있지만 한편 건축의 물성으로 나타나는 일차 결과가 형태인 것을 생각하면 그 소재와 그것이 이룰 완성도를 미리 예정해 두어

2012/10/03
~10/14

터파기 완료 후
기초 높이 조정 등
기초 공사

야 했다.

　　방송국의 표정이 주변 풍경의 일부가 되고 아울러 주민들에게도 친숙한 느낌으로 다가가려면 어떤 질감이어야 할지 생각해야 하고 숙련된 기능공의 확보가 어려운 현지 사정을 감안하면 쉽게 시공이 가능한 방법도 함께 고려해야 한다. 느리지만 차근차근 진행된 공정은 예정대로 12월 초에 기초 공사가 마무리 되었다. 현지의 인원은 추위가 풀리는 다음 해 3월까지 일단 철수해서 대기해야 했기에 준영 군을 일단 귀국시켰다.

2012/10/17　원형기둥 철근 제작

기행

귀국한 준영 군의 보고와 수집한 자료들을 검토하며 설계 내용을 구체화하고 있던 중 서울건축학교sa로부터 2월 중순 경 파주출판도시 팀과 함께 일주일 동안 네팔 건축 기행을 할 예정이니 동행하자는 전갈이 왔다.

　　일정 계획을 보니 룸비니Lumbini 외에는 대부분 이미 가 본 곳이었으나 기행에 참가할 면면은 김봉렬 교수와 같은 전문가들로 채워져 있어서 네와르의 건축을 좀 더 자세히 공부하려면 마다할 수 없는 기회였다. 기행을 기획한 이종호 교수와 혹시 좀솜의 현장에 오를 수 있을지 일정을 살펴보았으나 일주일의 여정으로는 기행의 목적을 변경하지 않는 한 불가능한 일이었다. 곧 공사를 재개할 현장을 옆에 두고 그저 스쳐 가야 하는 심사가 편하지 않았으나 기행에서 얻게 될 네팔의 역사·문화·종교 등에 관한 현장 학습에 기대를 걸기로 했다.

그림
sa 답사 코스

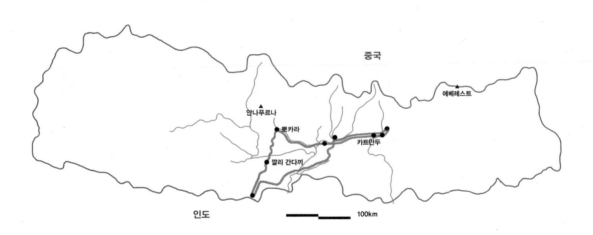

2012/11/01
~11/12

기둥 철근 조립 및
기둥 배근

카트만두

2월 11일 출발한 기행 팀이 카트만두 공항에 도착한 뒤 첫 일정으로 찾은 바그마티Baghmati 강변의 빠슈빠띠나트Pashupatinath 사원은 힌두교에서 손꼽히는 시바 사원인데 신자가 아니면 들어갈 수 없는 곳이어서 강가의 가뜨Ghat에서 치러지는 화장 장면을 보는 것으로 걸음을 멈추어야 했다. 수년 전 인도의 바라나시에서 본 소름끼쳤던 광경에 비하면 대수롭지 않을 수도 있었지만 죽음을 대하는 인간의 모습은 규모에 관계없이 어디서나 비장하다. 그러나 도시의 팽창이 화장터의 주변까지 밀려와 멀지않은 곳에 뜨리부반 국제공항이 세워지는 등 개발이 진행되고 있어서 장례장의 엄숙함은 어수선한 분위기에 묻혀 있었다.

인근에 지어지고 있는 현대적인 화장장이 완성되면 전통적인 장례 풍습은 다시 볼 수 없는 과거의 것이 될지도 모른다. 시대의 변화에 따라 성스러웠던 장소가 혐오 시설이 되는 순서는 여기도 다르지 않았다.

다들 무거운 마음을 추스르고 시가지에 있는 카트만두 왕궁으로 향했다. 첫날과 둘째 날 이틀에 걸쳐 카트만두와 빠딴에서 왕궁과 박물관 그리고 힌두와 불교의 사원들을 훑었다. 두 번째 보는 왕궁과 사원들이었지만 이번 기행은 관광이 아닌 학술 탐방인 덕택에 힌두교와 불교의 관계, 네팔 건축의 특징 등 동행한 건축가들과 교수들이 이런저런 각도로 밝히는 이론과 견해를 종합하다 보면 절로 정리가 되었다. 그동안 무스땅에만 빠져 있던 관심의 폭을 네팔 전역으로 넓히는 기행이 되고 있는 것이다.

특히 지난번 자세히 살피지 못했던 왕궁의 9층탑 바산따뿌르Basantapur의 구조는 새삼 놀라웠다. 일부 벽돌조의 보강이 있기는 했으나 목조 기둥의 수를 높이에 따라 체감하는 방식으로 9층 구조물을 만든 방식이 특이했다. 추녀를 받치는 버팀목 사이에 격자 틀을 넣어 처마의 높이

2012/11/14
~11/25

지중보, 옹벽 배근

사진
바그마티 강변의 빠슈빠띠나트 사원

2012/11/25   거푸집 설치

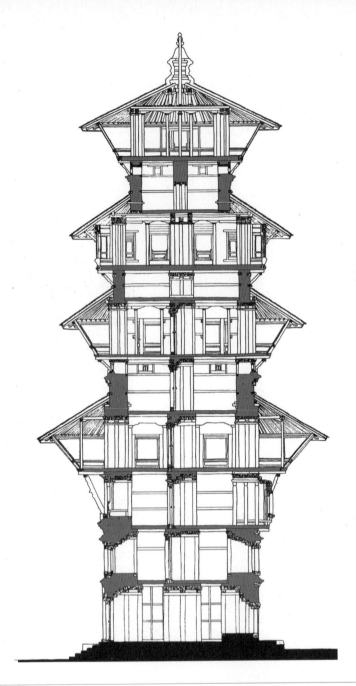

2012/11/30   지중보 콘크리트 타설

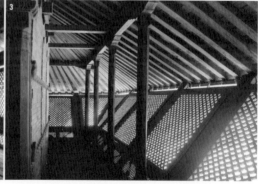

2012/12/05   거푸집 제거 후 콘크리트 양생

그림
두르바르 안의 사원

2013.02.12. author

를 한 층의 공간으로 삼은 9층탑은 카트만두의 훌륭한 전망대였다.

　　왕궁과 박물관을 향하는 일행의 행렬에서 잠시 벗어나 선험자의 여유를 누리며 두르바르의 사원들을 스케치했다. 살아 있는 어린 여신을 모신 꾸마리 사원을 돌아 나온 일행과 다음 순서로 빠딴을 찾았다.

빠딴

왕궁과 사원을 살핀 뒤 지난번에는 일행을 채근할 수 없어 그냥 지나쳐야 했던 골목 안 작은 사원들을 찾아보았다. 모두들 사원의 양식에서 힌두교인가 불교인가 구분하는 차이를 찾으려고 애쓰고 있었다. 그러나 네

2012/12/09　　지중보 완료 후
　　　　　　　추위로 공사 중지

그림
마하보우다 사원의
주두 부분 스케치

2013 02 12 PAYAN

팔의 경우, 종교의 형식적인 차이는 별 의미가 없다는 것을 설명하기에는 내 지식이 설익은 것이어서 각자 알아보게 하고 대신 북상한 인도의 원형이 어떻게 네팔의 고유성과 접합되었는지 실증을 찾아보려 했지만 그것 또한 잠시의 공부로 해결되는 것이 아니었다. 시바를 모신 힌두교 사원 꿈베쉬와르Kumbheshwar는 힌두 양식이 아닌 네와르 양식의 5층탑을 갖고 있고 9,000개의 불상을 새긴 마하보우다Mahabouddha 사원은 힌두의 시까라Shikara 양식을 하고 있다. 힌두교와 불교가 구분되지 않을 만큼 융합된 이곳의 종교적 특색을 감안하더라도 두 양식의 상호 영향은 갈피를 잡지 못할 만큼 혼란스러웠다. 무릇 한 종교가 전파되는 과정에서 그것을 수용한 나라들마다 서로 다른 양식의 종교 건축을 갖게 되는 것은 각각의 경우에 맞추어 규범을 응용하는 방법으로 변용시켰기 때문일 것이다. 건축 형식의 원리는 종교의 경우라 하더라도 방법론에 해당하는 것이어서 반드시 지켜야 하는 고정된 가치가 아닌 것이 분명했다.

뽀카라

다음날 버스에 올라 뽀카라로 향했다. 도중에 한때 인도의 평원과 네팔의 분지를 연결하고 다시 티베트의 고원으로 이어지는 보부상의 거점이었다는 산정山頂 도시 반디뿌르Bandipur에 올랐다. 유명하다는 히말라야 연봉의 감상은 구름으로 가려졌지만 산마루를 따라 외길로 이어진 마을은 시간이 멈춘 듯 한가로움의 아름다움을 보여 주고 있었다. 오가는 상인들로 번화했을 과거의 기억을 묻고 트레킹과 패러글라이딩 등을 즐기는 관광지로의 변신이 가능한 것은 멀리 히말라야를 조망하고 주변 일대를 한눈에 넣을 수 있는 능선에 자리한 입지 조건이었을 것이다. 남과 북을 연결하는 길목에 세워진 도시가 평지가 아닌 능선에 만들어진 것은 산을 넘어야 하는

2013/02/17   sa기행 중 카트만두에서
조준영 군, 시공사 담당자와
함께 현장 사정, 공정 계획,
자재 점검, 현장 인력 수배 등
3월에 재개할 공사 준비 회의

두 방향의 평균점이 고갯마루이기 때문이 아닐까 싶다. 마을이 형성되던 시대에 어느 쪽에도 치우치지 않으려 한 합리적인 선택이 그 목적을 다한 지금 새로운 이유를 갖추어 지속되고 있는 것이다.

　　정치적·경제적 목적 따위의 특정한 의도를 앞세운 건축과 도시가 결국 헐리거나 폐허로 버려지는 사실은 굳이 역사를 들먹이지 않더라도 우리 주변과 세계 여러 곳에서 쉽게 찾을 수 있다. 사람이 만드는 건축과 도시는 자연과 시간의 굴레를 벗어나지 못할 것이다. 인공적인 환경의 지속 가능성이란 결국 자연과 결합하는 자세와 시대의 변화에 적응하는 융통성으로 결정되는 것이 아닐까. 반디뿌르에서 내려와 다시 산과 강을 따라가

2013/03/08　　지반공사

는 길을 달려 저녁 무렵 뽀카라에 닿는 것으로 셋째 날의 일정을 마쳤다.

네 번째 새벽, 안나푸르나 연봉과 일출을 감상하는 사랑꼬뜨 Sarangkot에 올랐다. 손에 잡힐 듯 가까이 보이는 정상의 전망대인데도 오르는 발품은 만만하지 않았다. 해돋이를 기다리는 동안 눈에 익은 마차뿌츠레의 모습이 지난번보다 더욱 선명하게 다가왔다. 결국 붓 펜을 꺼내 산의 기운을 한 번 더 그려야 했다. 사진가 강운구 선생은 안나푸르나를 배경으로 우리 일행을 세우고 카메라가 아닌 휴대 전화를 들었다. 산과 사람을 함께 찍으려면 기능이 단순해야 한다고 했다. 때로는 단순할 수 있어야 큰 것을 얻을 수 있다는 것에 모두 웃음으로 동의했다. 산에서 내려온 뒤 내 권

2013/03/15  석재 반입, 전기 인입 공사

2013.12.13 Bandipur Kim

유로 일정에 포함시킨 구시가의 네와르 건축을 주인의 양해까지 얻어 내부까지 살펴보게 되었는데 일행은 모처럼 귀한 경험을 한다며 즐거워했다.

전통의 소중함은 자신의 전통이 무엇인지 아는 사람만 느낄 수 있는 것이기에 모두들 내 것이 귀한 것처럼 남 것의 가치도 귀하게 여기는 마음이었을 것이다. 그저 색다른 구경거리로 여기거나 제 것과 다르다고 없이 여기는 사람은 아무도 없었다.

건축 기행을 다니다 보면 다른 땅에서 만나는 사람과 역사와 풍경에서, 그곳 건축의 유래를 이해하는 과정에서 어느 순간 자신의 것을 되돌아보아 다시 확인하는 동기와 계기를 만나곤 한다. 나머지 시간은 통상적인 관광 탐방으로 머리와 눈을 쉬게 하는 일정이었지만 다들 나름의 생각을 정리하기에 바빴을 것이다.

2013/03/16 기둥 작업

2013.12.14 MACHOPUCHRE

사진 1
네와르 건축물 앞에 선
김인철, 민현식, 승효상, 김영섭

룸비니

다음날 아침 석가모니가 탄생한 곳인 룸비니로 향했다. 내가 처음 가는 곳이기도 했지만 룸비니 순례를 이번 기행의 목적으로 삼은 일행도 있어서 모두 한껏 기대에 부풀었다. 대륙이 충돌하던 때의 충격이 어떤 정도였는지를 보여 주듯 평원으로 내려가는 산악지대의 풍경과 길은 굽고 휘어서 편히 앉아 있을 수 없을 만큼 험악했다. 흐린 날씨 때문인지 난방 장치가 없는 버스 안이 추워지기 시작했다. 급기야 멀미와 추위를 견디지 못해 버스를 세우고 속을 가라앉히며 옷을 껴입은 후에야 다시 길을 갈 수 있었다.

도중에 허름한 산장에 들러 네팔식 국밥 툭빠와 라면으로 점심을 한 뒤 1,370미터의 딴센Tansen에 올랐다. 딴센은 19세기 초에 네팔이 통일되기까지 왕국을 유지했던 곳이다. 작은 왕국이 오랫동안 유지될 수 있었던 것은 험악한 지형 조건 때문이었을 것이다. 15세기 무렵 세워져 16세기

 2013/03/18
~03/19

기둥과 옹벽 콘크리트 타설

사진 2
센 왕국의 수도였던 딴센

사진 3
구슬 목걸이의 영롱한 색깔

2013/03/20   안테나 기초 공사

에는 남부 평원과 카트만두까지 세력을 떨쳤다는 센Sen 왕국의 수도 딴센이지만 지금은 산중 도시가 되어 미로로 얽힌 중세풍의 분위기를 간직하고 있었는데 마치 이탈리아의 시에나를 연상하게 했다.

산을 내려와 남부의 평원지대에 이르자 건기인데도 때 아닌 비가 내리고 있었다. 불교의 성지 룸비니는 종교적 의미를 벗어나면 한마디로 실망이었다. 석가의 탄생지 마야 데비Maya Devi 사원은 발굴과 복원 과정에서 볼품없는 구조물로 덮이게 되었고 UN의 주도로 일본 건축가 단게 겐조丹下健三가 계획했다는 불교공원은 감당할 수 없는 스케일로 과장되어 있었다. 기원전 249년에 세웠고 1895년에 발굴된 아쇼카 왕의 돌기둥과 사원의 동남쪽에 남아 있는 기원전 2세기에서 기원후 4세기 경 사이에 존재했던 사원의 기단들이 그나마 이 장소의 역사를 보여 주고 있을 뿐이었다. 각국의 불교사원이 세워진 불교공원에 한국의 사찰이 최근에 공사를 마쳤다고 했으나 그렇지 않아도 궂은 날씨에 더 궂은일을 당하지 않아야 하겠기에 걸음을 멈추기로 했다.

마나까마나

룸비니의 실망은 남부평원의 목가적인 풍경을 따라가는 다음날의 여정으로 얼마간 해소되었다. 그러나 카트만두로 돌아가는 길에 케이블카를 놓아야 할 만큼 그 신령함이 극진하다는 산정의 힌두사원 마나까마나Manakamana에 들르게 되었는데 인간의 소원을 풀기 위해 공양되는 염소와 닭의 목에서 뿜어져 나오는 피를 보게 되자 여전히 비를 내리고 있는 날씨처럼 감각이 다시 흐려지고 말았다. 주변 상가에 걸려 있는 구슬 목걸이의 영롱한 색깔이 아니었다면 아마 마음이 제 감각을 되찾는데 한참 시간이 걸렸을 것이다.

사진 1
볼품없는 구조물로 덮이게 된
석가의 탄생지 마야 데비 사원

사진 2
마나까마나 사원

다음 일정은 나가르꼬뜨Nagarkot에서 일몰을 감상하는 것이었는데 카트만두를 통과하는 중에 교통 체증에 걸려 밤늦게야 도착하게 되었으므로 지는 해는 보지 못하고 하루를 마감해야 했다.

박따뿌르

다음날 아침 마지막 목적지인 '은자의 도시' 박따뿌르를 찾았다. 고원의 분지를 셋으로 나누었던 도시 국가 중 하나인 박따뿌르는 카트만두와 빠딴으로부터 어느 정도 거리를 두고 있어서인지 현대화에서 비켜 나 있어서 중세 왕도의 분위기를 그대로 간직하고 있다. '귀의자의 도시' 박따뿌르는 15세기에서 18세기 사이에 번영한 도시국가로 네와르 문화가 전성기를 구가했던 곳이다. 두르바르를 중심으로 사원과 탑이 모여 있는 모습은 카트만두와 빠딴의 모습과 크게 다르지 않지만 박따뿌르에는 네팔에서 가장 높은 전통 건축인 30미터 높이의 냐따뽈라Nyatapola 사원이 있다. 따르마디Tarmadhi 광장의 주 건물인 사원은 돌계단으로 만들어진 기단과 석조 조각이 단마다 놓여 있다. 당연히 조각마다 이름이 있고 의미가 있겠지만 자세한 것은 전문가들에게 맡기고 사원과 같은 이름을 가진 냐따뽈라 카페에 오르기로 했다.

사원 앞 광장의 한쪽 면을 차지하고 있는 카페는 사원의 일부였을 전통 건축물에 차려져 있다. 우리로서는 감히 엄두내지 못할 문화재 이용이다. 하기는 거리자체가 문화재이니 상점이나 식당들도 다른 방법이 없었을 것이다.

운치 있는 공간에 앉아 짜이를 음미하며 광장의 군상을 보는 것은 매우 흥미롭다. 광장에는 네와르의 일상이 살아 움직인다. 우물가에는 아낙들이 순서를 기다리며 수다를 나누고 있고 머리에 띠를 걸고 광주리 가

2013/03/20
~03/21

벽체 공사

득 물건을 나르는 짐꾼도 보이고 양지바른 담벼락에 모여 앉아 장기를 두고 있는 노인들도 보인다. 우리가 네와르의 일상을 흥미롭게 바라보는 반면 이방인인 우리들에게 관심을 보이는 이들은 아무도 없다. 상점의 주인들조차도.

문화란 그다지 거창한 명제가 아닐 것이다. 일상이 하나 둘 모이고 쌓이면 언젠가 규범이 생기고 형식이 나타나서 자연스럽게 의미를 만드는 것이 순서다. 실을 꼬아 옷감을 짜고 옹기를 굽거나 구슬을 꿰어 모양을 내는 것도 이곳의 일상이고 삶의 보람을 채우기 위해 신을 만들어 섬기고 신을 가까이 섬기기 위해 신전을 짓는 것도 이곳의 일상이다. 냐따뽈라 카페에서 내려와 골목을 따라 상점들을 기웃거리다보면 따쭈빨Tachupal 광장에 닿는다. 이곳에도 중심에 사원이 있고 주변에는 공동우물과 나무에 조각을 새기는 공방과 전시장이 있다. 장인들이 나무에 새기고 있는 것은 그들 일상의 풍경일 것이다. 문화는 누가 앞장서서 제시하는 것이 아니라 알게 모르게 저절로 만들어져서 보편적인 특성을 갖추면 된다. 우리가 살펴보아야 할 것은 건축의 치수와 비례가 아니라 그것이 그렇게 존재하는 이유가 아닐까.

카트만두로 들어와 마지막 숙소인 드와리까 호텔에 내리자 모두 놀라는 표정을 감추지 않았다. 전통 양식으로 만들어진 건축과 방마다 다르게 꾸민 객실의 세련된 감각에 모두들 감탄했고 전통 요리 풀코스로 마련한 호텔에서의 마지막 만찬에서 맛본 격식은 우리가 여행으로 본 네팔의 현재가 현상적인 단면일 뿐 결코 본질이 아니라는 것을 새삼 느끼게 했다. 여행하며 겪기 마련인 불편과 익숙하지 않은 풍경으로 자칫 평가절하를 당했을지도 모르는 네팔의 인상은 한 사람의 건축가 드와리까의 존재로 충분히 만회되었다.

2013/03/22   원형 기둥 작업, 전기 배관
공사

3월에 재개할 공사의 준비를 위해 우리가 출발한 다음날인 2월 12일에 출국해서 카트만두에 들어와 있던 준영 군을 김무연, 이경섭 씨와 함께 호텔에서 만났다. 현장 사정과 공정 계획 그리고 카트만두에서 공급받아야 하는 자재와 각종 기기들의 목록을 점검하고 확인하는 현지의 업무를 하던 중이었는데 무엇보다 현장에 투입되는 인력의 수배가 관건이었다.

2013/03/22   기둥, 옹벽 거푸집 해체

2

2018.12.12 BATAPUR

사진 1
나따뽈라 사원이 있는
따르마디 광장

따뜻한 남쪽을 마다하고 아직 추위가 풀리지 않은 오지로 올라가려는 기
능공을 찾기가 힘들기 때문이었다. 결국 이경섭 씨의 수완이 해결할 문제
였으므로 서둘러 줄 것을 부탁했다. 준영 군에게 오가기 힘든 오지에서 벌
이는 공사이니 진행에 차질이 없도록 자재의 발주를 꼼꼼히 챙기고 기능
공의 투입 시기를 놓치지 않도록 주의하라고 일렀다. 카트만두에서 일을
마치는 대로 무스땅으로 올라가 현장 소식을 전하겠다는 인사로 의논을
마무리 했다. 일정의 말미에라도 현장의 일을 챙길 수 있어 그나마 다행이
었다.

사진 2
따쭈빨 광장

사진 3
답사 팀 모두를 놀라게 한
호텔 드와리까

바람을
품은 돌집

현장

sa 기행에서 돌아와 사진과 스케치 등 여행 기록을 정리하며 네팔의 소식을 기다리고 있는데 3월 초에야 현장이 움직이기 시작했다는 보고가 왔다.

　　겨울동안 얼어 있던 기초 위에 기둥의 거푸집을 설치하는 작업과 벽 쌓을 돌을 반입하는 작업이 시작되었다. 파석과 호박돌을 두고 어느 것을 선택할지 견주다가 현지에서 일반적으로 사용하는 파석을 제치고 쌓기 어렵더라도 호박돌을 사용해 새로운 질감을 만들기로 결정했다. 벽 문제는 해결되었으나 원형 기둥의 거푸집 제작이 난항이었다. 종이 틀, PVC 관, 철판을 모두 구할 수 없는 사정이어서 판재를 이어 원형을 만들어야 했는데 그것도 높이 2.4미터인 기둥을 두 번으로 나누어 조립한다고 했다. 매끈한 노출까지는 아니더라도 거푸집의 형태가 반듯하기를 바랐는데 그조차 어렵게 되었다. 벽을 쌓고 기둥이 나타나기 시작했으나 준영 군의 고군분투에도 불구하고 현장에서 전해 오는 사진만으로는 앉은 자리에서 지적하거나 지시할 수 있는 일이 아니었다.

사진
벽을 쌓는데 사용할 호박돌

사진
원형 기둥 조립 모습

4월15일 혼자 카트만두로 들어갔고 뽀카라로 날아가 하룻밤을 묵고 다음날 새벽 깔리 간다끼 계곡을 또 한 번 곡예 비행하듯 거슬러 올라 좀 솜 활주로에 내렸다. 마치 연예인이라도 된 것처럼 촬영 팀까지 대기한 마중이었지만 친절히 인사를 나누기에는 현장을 향하는 마음이 급했다. 현지 인원이 베이스캠프처럼 쓰고 있는 로지에서 대충 아침밥을 먹고 현장에 올랐다. 마을의 골목길을 빠져나와 바위언덕을 돌아서자 멀리 산기슭에 쌓은 돌 벽이 보이기 시작했다. 가까이 갈수록 산을 배경으로 아침의 빛을 받은 벽은 상상으로 그렸던 윤곽과 다르지 않게 나타나고 있어서 우선 안심이 되었다.

거칠게 나타난 콘크리트 기둥을 준영 군은 보수해서 다듬도록 시키겠다고 했지만 그냥 두라고 했다. 손질을 더한들 나아질 것 같지 않았다. 또한 손질해 생기는 어색함보다 나타난 그대로 이야기를 만드는 것이 오히려 진솔할 것이라 판단했다. 다행히 이어진 높이가 일정하지 않고 제각각이었으므로 감출 것이 아니라 드러내면 돌로 이루어진 무거운 공간에서 긴장을 누그리는 요소가 될 수 있을 것이라 생각했다.

건축 작업에서 설계를 두고 완성될 공간을 예상할 수 있는 것은 그것을 상상한 건축가의 감각으로만 가능한 일이다. 작업에 참여하는 모두가 나름의 그림을 그리고 있겠지만 각자의 경험치를 넘어서지 못한다. 설계자의 현장 확인이 반드시 필요한 이유는 예정된 감각의 완성을 어떤 누구도 대신할 수 없기 때문이다.

계속 따라오고 있는 MBC의 카메라도 의식하지 못한 채 공간의 틀을 이루고 있는 구석구석을 살폈다. 바닥과 벽이 만나는 곳, 벽과 천장이 이어질 구석, 창틀과 문틀의 위치와 마무리의 상세 등을 검토하고 지시하고 확인하는 동안 삼부의 현장소장 자낙Janak은 준영 군의 어깨너머로 불

2013/03/29   벽 쌓기, 원형 기둥 이어치기

안한 표정을 감추지 못하고 있었다. 알아듣지 못하는 말이지만 우리의 표정과 분위기로 대강의 감을 잡았을 텐데 "Good work!"하며 어깨를 쳐주자 금방 표정이 밝아졌다. 나중에 들어보니 어딘가 헐고 다시 하라할지 몰라서 잔뜩 긴장하고 있었단다.

이런저런 확인과 지적을 하고 있는데 바람이 불어오기 시작했다. 두건으로 얼굴을 감싸고 작업을 하고 있는 현지인들 사이에 일 나가는 부모를 따라온 아이들이 보였다. 남정네가 대부분이지만 돌을 나르거나 모르타르를 개는 일 등은 아낙네들이 맡고 있었는데 아이들은 바람을 막아 주는 벽 앞에 모여앉아 놀이에 열중하고 있어서 아무도 개의치 않았다. 어른 아이 할 것 없이 모두 남루한 차림에 먼지를 뒤집어쓴 누추한 모습이었지만 내가 생각한 공간을 만들어 주는 사람도 그들이었고 그 결과를 누릴 주인도 그들이었다.

비록 노동의 대가를 바라고 나온 사람들이겠지만 그들의 생각과 내 상상이 어찌 연결되고 있을지 궁금했다. 직접 대화를 나눌 수도 없었고 상식 이상의 감상을 기대하는 것도 아니었으나 굳이 표현하지 않더라도 서로 통할 수 있는 고리를 확인하고 싶었다. 외국인이 설계했다는 건물이 왜 자신들의 방식으로 지어지고 있는지 또 그렇게 만들어지고 있는 공간이 왜 낯설지 않고 익숙한 모양인지를 과연 그들이 느끼고 있을지 알 수 없었지만 곧 실체가 완성되면 달리 설명을 더하지 않아도 알게 되리라 기대하고 염려를 접어 두기로 했다.

2013/04/02　화장실 배관 공사,
　　　　　　공개홀 문틀 설치

기록

로지로 내려와 점심식사를 했다. 지난번 답사에서 현지식의 적응에 애를 먹었던 터라 준영 군과 일행의 고생이 클 것이라 걱정했는데 기우였다. 한국 등반대의 조리를 담당했다는 현지인 요리사 뗀바Tenbha의 매운탕과 김치찌개는 나무랄 것이 없었다. 식사를 하며 MBC의 촬영 팀, 그리고 라푸마의 부탁으로 사전 조사를 온 젊은 사진작가 전명진 씨와 제대로 인사를 나누었다. 촬영 책임을 맡은 장보걸 프로듀서는 오후 일정으로 마르파에서 이곳의 전통과 새로운 건축이 어떻게 연결되는지 건축가의 생각을 담고 싶다고 했다.

다시 찾은 마르파는 봄을 맞는 싱그러운 기운으로 가득 차 있었다. 촬영 팀과 함께 골목을 걷고 집안을 기웃거리고 옥상에 올라 풍경을 담으며 이곳의 풍토가 어떻게 건축에 반영되었는지 그리고 자연과 건축이 어떻게 사람의 일상과 관계되는지 스케치를 하며 설명했다. 방송국의 공간 형식이 전통 공간과 이어지는 접점과 전통적인 형태로부터 새로운 형태로 전이되는 과정은 예시를 찾아 보여 주었다. 장 피디는 설명이 가는 곳마다 일일이 카메라에 담았고 집주인에게 집의 내력을 묻기도 하고 골목의 주민들과 인터뷰를 하며 그림을 만들었다.

금요일의 귀국 편 탑승 예약에 맞추려면 좀솜에서의 시간은 하루뿐이었으므로 마르파에서 돌아온 뒤 다시 현장을 찾았다. 마음은 급했지만 현장은 늘 그렇듯이 느긋하게 움직이고 있었다. 오전에 지시한 내용이 당장 오후에 해결될 수 없는 것을 알면서도 심사가 편치 않았다. 현장의 이곳저곳을 다시 살펴보며 오전의 결정을 뒤집기도 하고 보태기도 하며 현재의 정황을 눈과 머리에 담는 동안 어느덧 인부들은 돌아갈 차비를 차리기 시작했다. 고원의 짧은 해가 원망스러웠으나 하는 수 없이 땅거미 지는 언덕길을 내려와야 했는데 뒷덜미에 남아 있는 미련을 뿌리치느라 좀처럼

2013/04/05   공개홀 잡석 깔기

MARPHA 2013.9.16

사진
공사 과정은 MBC 다큐멘터리
팀에 의해 꼼꼼하게 기록되고
있었다.

발걸음이 가벼워지지 않았다.

    뗀바가 근사하게 준비한 만찬 자리는 영상과 사진의 역할이 건축에서 얼마나 큰 비중을 갖는지 설명하는 강연장이 되었다. 건축은 땅에 만들어지는 것이므로 들고 다닐 수 없는 고정물이어서 일반에게 알리려면 제3의 매체가 필요하다는 것, 특히 이런 오지의 건축은 일반의 접근 자체가 어려우니 그림으로 결과를 알릴 수밖에 없다는 것, 그러나 건축의 요체는 3차원의 공간이어서 2차원의 그림으로는 진정한 전달이 불가능하다는 것, 또 건축의 공간은 한눈으로 파악되는 것이 아니라 경험의 과정을 통해 감각되는 것이어서 과정적 시간이 개입된 4차원의 전달 수단이 필요하다는 것, 따라서 사진은 형태가 아닌 공간을 포착해야 하며 공간의 경험은 영상의 힘을 빌어야 겨우 공감을 이룰 수 있다는 것 등등.

    건축 사진을 만날 기회가 없었다는 전명진의 포트폴리오는 기대 이

2013/04/17   현장으로 가서 바닥과 벽이 만나는 곳,
벽과 천장이 이어질 구석, 창틀과 문틀의 위치와
마무리의 상세 등을 검토

상으로 인상적이었다. 기계공학을 전공했으나 사진에 뜻을 품고 세계를 여행하며 하나하나 집어낸 앵글들은 지금까지 익숙해 있는 통상적인 건축사진과 다른 초점을 잡고 있었다. 나와 오랫동안 함께 작업을 하고 있는 건축사진가 박영채 씨를 오지로 불러들여 고생을 시켜야할지 망설이고 있던 중에 전명진과의 만남은 또 하나의 가능성이었다. 귀국하면 다시 만나 정식으로 의논을 하기로 하고 밤늦게 잠자리에 들었는데 현장의 잔영이 어른거리는 비몽사몽으로 잠을 설친 채 착륙하는 첫 비행기의 굉음으로 새벽을 맞았고 곧 여장을 챙겨 비행장으로 향했다.

뽀카라에서 다시 국내선을 바꿔 타고 도착한 카트만두에서 시행자인 이경섭 씨와 현지의 공정 계획을 의논하고 자재와 인력의 공급 등에 차질이 없도록 당부하고 또 다짐을 받았다. 나머지 시간은 최근에 완성된 카트만두의 현대 건축물들을 돌아보기로 했다.

내 작업의 완성도를 예정하려면 네팔 건축의 현재 상황을 알아야 했기 때문이었다. 카트만두는 급격한 팽창으로 도시계획과 건축이 혼돈의 몸살을 앓고 있었다. 몇 호텔과 공공건물들을 살펴보았는데 공간의 구성이나 마감은 대부분 일반적인 수준이었다. 곳곳에 전통 요소와 현대 기술을 접합하려는 시도가 보이기는 했지만 1980~90년대의 우리처럼 이곳도 개발의 논리와 보존, 보전의 논리가 곳곳에서 충돌하고 있었다. 그러나 양쪽 모두 설익은 결과만 만들고 있어서 어느 쪽도 흔쾌히 편들 수 없는 질곡의 상황은 우리의 자화상과 그리 다르지 않아 그저 안쓰러울 뿐이었다.

2013/04/18
~04/25

벽체를 마무리하고
창틀과 문틀 조립

자문

4월 22일 귀국한 다음날 KOICA에서 디자인자문위원 위촉식이 있었다. 첫 답사 이후 해외에서 일어나는 공공 발주 건축 과정을 알아보았는데 문제가 심각했다. OECD 국가가 시행하는 원조의 일환으로 KOICA는 복지·의료·교육·정보망 구축 등 사업을 기획하고 그에 필요한 시설들을 세계의 곳곳에 만들어 제공하고 있었다. 지원이 필요한 각 나라의 요청을 받아 검토하고 적정한 내용과 규모가 결정되면 예산을 책정해서 시행하는 업체를 입찰 방식으로 선정하는 절차였다. 발주 주체가 원하는 결과를 예산의 범위이내로 해결하는 입찰 방식은 결코 그릇된 것이 아니다. 문제는 설계를 설계자의 창의력이 아니라 가격으로 결정하는 입찰 방식이다.

건축과 건설의 차이를 인식하지 않고 설계의 발주를 입찰이라는 가격 경쟁으로 진행하는 것이다. 공사비에 대비한 설계비의 요율이 정해져 있으나 예산의 절감이라는 목표를 앞세워 좋은 설계로 공사비를 절감하는 전략은 도외시하고 설계를 하나의 항목으로 취급한다. 만들고 세워서 필요를 해결하는 것은 같으나 건설이 공학에 기반을 둔 기술의 영역이라면 건축은 그것에 인문적 가치를 생산하는 창작의 영역이 더해지는 것이다. 건축에서 건축가의 전문성이 반드시 필요한 이유는 가치를 생산하는 의지의 주체가 건축가이기 때문이다. 최저가로 진행되는 설계에서 창작의 성과를 기대하는 것은 불가능한 일이다. 이윤의 추구라는 절대목적을 이루려면 가치의 생산은 하위 개념이 될 수밖에 없다. 수단이 주도하는 과정에서 의지의 결핍이 만들어 내는 결과는 물건일 뿐 작품이 되지 못한다. 최고의 성능을 가진 하드웨어일지라도 최선의 소프트웨어가 구동되지 않으면 제대로 된 성과를 만들어 내지 못하는 것과 같은 이치이다.

우리나라가 해외에 제공하는 지원이 단순한 경제적·물리적 단계를 넘어 문화를 교류하는 차원으로 전개되려면 지원을 기획하고 운영하는

2013/04/26 　지붕 거푸집 작업, 창틀 설치

과정에서 발상의 전환이 필요했다. 네팔 프로젝트의 경우는 방송국이라는 특수성으로 일반 건설업체가 아닌 MBC가 시행을 맡게 되어 나와 연결되었고 캄보디아의 크메레스크는 원불교의 해외 포교 사업을 지켜보던 중에 박청수 교무로부터 빼앗듯이 받아낸 프로젝트였다. 이왕이면 같은 비용이 더라도 우리 문화가 존중받을 수 있는 기회를 만들어야 하지 않겠는가라고 설득한 결과였다.

　　자문위원으로 위촉된 것은 네팔 프로젝트를 진행하며 기회가 있을 때마다 건축의 해외 진출에 관한 문제를 제기했는데 다행히 KOICA의 실무자들과 연결이 이루어져 그들 역시 같은 고민을 하고 있다는 것을 알게 되었고, 마침 네팔에서 많은 이야기를 나누었던 도영아 씨가 본부로 복귀해 대화의 폭이 넓어졌기 때문이었다. 결국 공식적인 자문을 부탁받아 위원회에 참여하기로 했다. 박인걸 이사장과 인사를 나누고 다른 위원들과 함께 위촉장을 받은 뒤 가능하다면 본부의 실무자들에게 소견을 밝힐 기회를 만들어 달라고 부탁했다.

　　2주 뒤 본부의 회의실에서 기획과 발주의 업무를 담당하는 실무자들과 대화하는 시간을 가졌다. 크메레스크를 소개하고 "세상에서 가장 아름다운 방송국"의 진행 과정과 앙코르와트 정비 사업의 일환으로 설계하고 있는 복합문화시설의 설계 의도를 설명했다. 설계의 내용을 설명하기보다 과정에 있었던 에피소드를 소개하며 풍토와 관습이 다른 해외에서 무엇을 고민하고 어떻게 풀어갔는지 그래서 무엇을 만들려고 했는지 이야기했다. 그리고 마지막으로 부탁했다. 업무의 편의를 도모한다는 명목으로 그릇된 관행을 벗지 못해 임무의 본질이 왜곡되거나 변질된다면 그것은 직무유기에 해당하는 것이니 건축이 제 역할을 할 수 있도록 조금 귀찮고 불편하더라도 관행을 바로잡아 원칙을 지키자고 했다. 그동안 접했던 공공

부서의 분위기와 달리 그들은 대부분 젊었고 좀 더 유연한 자세였기에 기대를 갖고 이야기를 마쳤는데 변화는 이미 시작되고 있는 것이 아닐까라는 생각이 들었다. 그럴 의지가 없었다면 이런 자리조차 만들지 않았을 것이기 때문이다.

2013/04/28
~04/30

지붕 슬래브를 깔고
스튜디오 천장 판석 깔기

공정

무스땅 현장의 진행은 큰 문제없이 그런대로 순조로웠다. 잦은 정전으로 인터넷이 연결되지 않는 경우가 많아 규칙적이지는 않아도 그날그날의 작업을 보고받을 수 있는 것은 다행이었다. 캄보디아의 크메레스크 경우에도 모바일과 인터넷이 없었다면 그만한 결과를 만들지 못했을 것이다. 현장 진행 상황을 실시간으로 전해 주는 현지 교무와의 네트워크는 우리가 상주하고 있는 것과 다르지 않았다. 사진과 전언만으로 현장감이 만들어지지 않으면 급기야 공항으로 나가야 했지만 공간과 시간의 벽은 이제 존재하지 않았다.

4월 하순 무렵이 되자 벽체가 마무리되고 창호의 틀이 세워져 지붕 슬래브 형틀이 조립되기 시작했다. 지지대를 세우고 합판을 얹은 위에 판석을 놓았다. 조명 기구 설치를 고려해 구멍 뚫은 판석을 설계된 위치에 배치하고 나머지를 채우는 일은 석공의 감각에 맡겼다. 불규칙하게 이어져 나가는 방식이었으므로 크기와 모양은 경우에 맞추어질 터이니 천장은

사진
음향효과를 고려해 만든
코펜하겐 리브 모양의 석재 리브

저절로 그리된 것처럼 보일 것이다. 음향 조절이 필요한 방송실과 공개홀은 판석을 일정한 높이로 잘라 세워 깔았다. 설계에서 결정한대로 돌의 거친 면과 돌 사이의 깊은 홈이 잔향을 잡는 흡음 효과를 만들 것이어서 코펜하겐 리브의 모양을 한 석재 리브를 만든 것이다. 바닥에 철근을 짜 얹고 테두리보의 철근에 벽체의 돌을 끼워 고정시켰다.

5월 9일 첫 콘크리트를 부었다. 레미콘도 펌프 차도 없는 작업은 믹서와 손수레가 맡았다. 그나마 바이브레이터를 동원할 수 있어서 다행이었는데 인력으로 밀어 붙이는 작업은 기계의 힘을 빌리는 것에 비해 속도는 떨어지지만 꼼꼼하게 구석구석을 다질 여유가 충분해 서두르다 생기는 이런저런 하자를 줄일 수 있는 장점이 있다. 예정대로라면 뒤이어 1.2미터를 높인 공개홀의 지붕 작업이 진행되어야 하는데 5월 중순부터 예년보다 이르게 우기가 시작되었고 카트만두에서 온 인력이 이탈하는 일이 벌어져 공정이 늘어지기 시작했다. 예전처럼 우기의 시작을 6월 중순 경으로 잡고 계획한 공정에 차질이 생긴 것이다. 게다가 비로 인해 자재의 반입이 순조롭지 못하자 도시에서 온 기능공들이 오지의 무료함을 견디지 못하게 된 것이다.

2주간의 양생을 거쳐 거푸집을 벗으며 드러난 천장의 판석은 중정과 앞뜰의 빛이 스미듯 번지는 모습을 연출하며 기대한 이상의 질감을 드러냈다. 원형기둥의 거친 모습도 어색하지 않아 안심했다. 그러나 생각하지 못했던 실수가 눈에 잡혔다. 중정의 테두리가 되는 파라페트와 천장 판석이 직각으로 만나는 부분이 어색하게 마주치고 있는 것이다. 선형의 판석 단면 위에 덩어리진 돌이 얹히는 모양이 아니라 판석의 면이 자연스럽게 덩어리로 전이되었어야 했다. 창호의 인방을 설치하는 상세에만 신경을 쓰다가 그만 그 부분을 놓친 것이다. 재시공도 수정도 할 수 없다.

2013/05/09
~05/12

레미콘이나 펌프 차가 없어
믹서와 손수레로 콘크리트
타설

저질러지면 다시 담기 어려운 것이 건축 현장의 속성이다. 설계도를 꼼꼼히 작성했더라도 시공을 준비하는 단계에서 한 번 더 확인했어야 하는 것을 현장의 작업반장처럼 동분서주하는 준영 군이나 뒤늦게 사후 보고를 받아야 하는 내 처지로는 어쩔 수 없는 일이었다. 판석을 쳐내거나 끊어서 턱지게 하는 방법을 생각했으나 내 취향이 아니어서 수직면에 나타난 판석의 단면과 돌 사이를 모르타르로 메워 선형을 흐리는 방법을 택하기로 했다. 준영 군에게 방안을 전하고 보완하는 작업은 내가 직접 현장을 확인한 후에 하도록 남겨 두라고 했다.

방과 중정의 바닥에 판석을 까는 작업은 차근차근 진행되고 있었으

나 방송국 본체에서 공개홀은 지붕이 덮이지 않았고 비탈진 진입로를 따라 도는 외벽 쌓기도 지지부진이어서 애가 탔다. 그러나 준영 군이 부지런히 보내오는 사진만으로 현장의 진척을 지켜볼 수밖에 없었다.

그런 와중에도 실내가 마무리되고 있어서 그 공간에 넣을 가구를 스케치했다. 돌만으로 꾸려진 석실에 어울릴 감각을 찾던 중에 마을의 빈 터에 버린 듯 놓여 있던 통나무들이 생각났다. 첫 답사 때 본 그것들을 이용해 탁상과 의자를 만들기로 했다. 공개홀의 의자는 통나무를 사다리꼴로 잘라 이런저런 모임의 성격에 맞추어서 다양한 배치가 가능하도록 하고 식당과 사무실의 탁상은 통나무로 다리를 세우고 판석을 올리기로 했

2013/05/22 돌벽쌓기

다. 표면은 서툴게 각을 잡기보다 자귀질 한 것처럼 거칠게 마감하도록 일렀다.

엎친 데 덮친 격으로 5월 16일 아침 방송과 신문들은 좀솜의 비행기 추락사고 소식을 알렸다. 착륙하던 중에 활주로를 벗어나 절벽아래 강으로 추락했다는 것이다. 그렇지 않아도 공사가 지연되어 안절부절 못했는데 이제는 목숨을 걸고 행차를 준비해야 하는 지경이 된 것이다. 첫 답사 직전에도 추락사고가 있었기에 불안했는데 일 년 만에 또 추락사고가 발생했으니 어쩌다 일어나는 사고라고 안심할 수 없는 일이었다. 그러나 다르게 생각하면 사고 확률을 계산했을 때 당분간 사고가 발생할 가능성이 줄었

2013/05/30   스튜디오 바닥 판석 시공

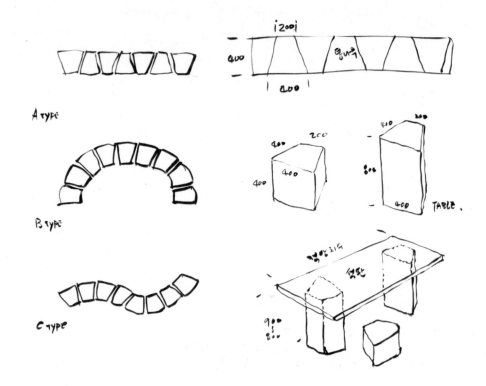

다고 해석할 수도 있을 것이다. 어차피 피할 수도 없는 일이어서 현장을 재촉하며 출발을 기다렸다. 대신 집에는 사고 소식에 대해 입을 닫기로 했다.

드디어 카트만두에서 새 인력이 들어와 형틀 작업을 시작한다는 소식이 왔다. 결국 첫 슬래브 작업이후 한 달이 지나서야 공개홀 지붕에 콘크리트가 채워졌고 6월 14일에야 안테나 기둥을 세웠으니 6월 27일로 예정했던 개국 행사는 지켜질 수 없었다. 24일에 미리 떠나서 준공 마무리를 챙기려던 계획도 변경해야 했다. 새로 인력이 투입되었는데도 또 다른 이유로 현장은 지지부진한 상황을 벗어나지 못했다. 일찍 시작된 우기가 드디어 장맛비처럼 내리기 시작했기 때문이다. 전에 없던 장마로 산사태가 발생해 길

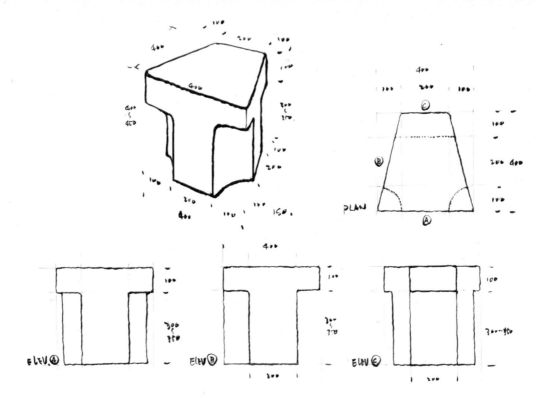

이 막혔고, 강이 범람해 길이 끊겼다. 카트만두에서 겨우 도착한 판유리는 절반 가까이 깨져 있었고 채석장에서 캐 낸 판석을 현장으로 옮길 수 없었다. 일주일을 연기했던 출발은 다시 일주일씩 뒤로 늦춰져 7월로 넘어가야 했다. 네팔 행 국적기는 성수기가 아니면 한 주에 한 번 월요일에만 운항하고 있으니 방법이 없었다. 다른 항공편으로 방콕을 경유하는 방법도 있지만 이틀 밤을 거쳐야 하니 그것도 만만한 것이 아니었다.

　　이러지도 저러지도 못하고 있는 와중에 문득 2005년에 보았던 라다크의 경우가 생각났다. 영국의 언어학자이자 사회운동가인 헤레나 노르베리 호지Helena Norberg-Hodge의 《오래된 미래》로 알려진 라다크 지역의

2013/06/06　회의실, 사무실 의자 제작

흙 건축이 예전에 없던 강우량의 증가로 속절없이 무너져 내리고 있는 것을 보았다. 지구 온난화의 영향으로 산악지대의 기후가 변하고 있었던 것이다. 무스땅의 때 아닌 장마도 그와 무관하지 않을 것이라는 생각이 들었다. 이리 되면 "바람을 품은 돌집"이 맞게 될 미래의 모습은 고원의 맑은 하늘과 투명한 햇빛을 과거의 기억으로만 남긴 채 흐린 날의 풍경이 될지도 모르게 되었다.

극지대의 얼음이 녹는 것처럼 히말라야 만년설의 한계선이 점점 오르고 사막처럼 메말랐던 땅에 장마처럼 비가 내리고 있다. 흙 덮은 평지붕을 전통으로 삼았던 이 동네의 풍경이 박공지붕으로 바뀌어야 하는 지경이 벌어지고 있는 것이다. 그러나 저 아래 네와르의 기와지붕이 무스땅까지 올라와 새로운 전통을 만들려면 한참이나 진통을 겪을 것이다. 이미 함석이나 슬레이트로 덮은 지붕이 이곳에 나타나고 있는 것을 보면 설익은 '새마을' 풍경으로 이곳이 변하는 것은 시간문제일 뿐이라 보였다.

건축의 생각으로 변화의 필요를 진화의 계기로 삼을 수 있으면 좋으련만 자연과 시대의 변화를 따라가기만 하고 있는 조건반사식의 대응으로는 별 대책이 없다. 건축으로 제시할 수 있는 미래는 과연 어디까지일지 짐작하기 어려웠다. 행여나 지금 내가 하고 있는 작업이 기후 조건의 변화에 대응하고 전통문화를 진화시키는 방법론으로 비추어질 수 있다면 다행이겠으나 그 또한 하나의 대안으로 보편성을 얻기에는 오랜 시간이 필요할 것이다.

시작한 지 일 년이 지났는데도 단층에 백 평밖에 되지 않는 건축은 쉽게 끝을 보이려고 하지 않았다. MBC는 아예 개국 예정을 준공을 확인한 이후에 잡겠다고 했다. 잠시 귀국한 장 피디는 준영 군이 조울증에 걸릴까 걱정이었다. 그런 중에도 진입로가 만들어지고 외벽이 마무리되어 대

2013/06/10 　스튜디오 판석 작업

강의 윤곽이 드러났는데 주변을 정리해 건축을 자연에 자리 잡게 하고 내부와 외부의 공간을 연결하는 마무리는 내가 현장에 있지 않으면 되지 않는 일이어서 개국식과 관계없이 우선 건축 작업을 현장에서 확인할 일정을 짜야 했다. 나와 동행해서 작업을 하기로 한 사진가 전명진도 계속 일정을 바꾸며 대기하고 있어야 하는 형편이었다.

　　기대와 달리 현장에서 전해오는 소식은 점점 불길해지기 시작했다. 하늘의 조화는 어쩔 수 없다 하더라도 사람의 일은 신뢰를 바탕으로 하는 것인데 드디어 불협화음이 들려오고 있었다. 채석장에서는 더 이상 판석을 보낼 수 없다 하고, 돌을 쌓아야 하는 석공 팀은 추가 비용을 받아야 한다고 버티기 시작했다. 시행자인 삼부토건의 이경섭 씨는 자재를 헬리콥터로라도 운반하려고 카트만두에서 동분서주하고 있었지만 해결의 기미가 보이지 않았다. 설상가상으로 준영 군은 150일 체류 비자의 만기가 닥치니 곧 불법 체류가 될 지경으로 몰리고 있었다. 마지막 고비를 앞두고 현장은 허덕거리고 있었다.

2013/07/04　안테나 시공

정리

네팔의 진행 사항을 지켜보는 동안 출장 일정은 계속 미루어졌다. 날씨와 자재 반입 문제로 현장은 겨우겨우 움직이고 있었다. 7월의 중반에 이르자 더 이상 미룰 수 없다는 생각에 직접 현지에 가서 문제를 해결하기로 했다. 준영 군에게 26일 떠날 테니 그리 알라 이르고 전명진에게도 일정을 알려 인천공항에서 만났다. 6시간을 날아 카트만두 뜨리부반 공항에 도착했고 마중나온 이경섭 씨와 함께 다시 국내선으로 옮겨 서쪽으로 날아 뽀카라에 내렸다. 비행 중에 본 히말라야는 짙은 구름으로 모습을 가리고 있었다. 한반도와 마찬가지로 이곳도 기상이변을 겪고 있는 것 같은데 일정을 제대로 소화할 수 있을지 걱정이 커졌다.

뽀카라에서 대기하는 하루는 초조와 불안의 연속이었다. 다음날의 예정이 날씨에 달렸으므로 이경섭 씨의 구구절절한 현장 상황 이야기는 뒷전인 채 우리는 하늘만 쳐다보는 시간을 보내야 했다. 2주 만에 그제야 비행기가 떴다는 소식에 내일은 어떨까 한편으로는 기대를 하면서도 혹시 알 수 없으니 헬기를 알아보도록 이경섭 씨에게 부탁했다. 그러나 그마저 어렵게 되었다. 수리를 하러 카트만두에 가고 없다는 것이다. 하는 수 없이 모든 것을 하늘에 맡기기로 하고 숙소에 들었다. 이제는 이틀이건 사흘이건 기다리는 일만 남은 것이다.

다음날 아침 눈을 뜨자마자 황급히 커튼을 열었다. 여전히 하늘의 구름은 물러나지 않고 있다. 서둘러 식사를 하고 있는데 다행히 좀솜의 날씨가 좋아 비행이 가능하다는 반가운 소식을 이경섭 씨가 가져왔다. 밖을 보니 뽀카라의 구름도 차츰 엷어지고 있었다. 하늘을 우러러 살펴보며 활주로 옆 스낵 코너에 앉아 출발을 기다리고 있는 동안 몇 차례 비행기가 뜨고 내렸다. 대기 중이던 안나푸르나와 무스땅 트레킹 팀들이 먼저 떠나자 드디어 우리 차례가 되어 경비행기에 올랐다. 이경섭 씨는 카트만두로

2013/07/10   램프 구간 판석 깔기

사진 1, 2
뽀카라에서 좀솜을 이어 주는
경비행기

돌아가 자재 문제를 해결한 뒤 화요일에 좀솜으로 들어오겠다고 했다. 깔리 간다끼 계곡과 안나푸르나 연봉을 따라 나르는 20여 분의 불안한, 그러나 이제는 익숙해진 비행을 치루고 좀솜 비행장에 내리니 절로 한숨이 나왔다.

거의 현지인인 '네팔리'가 되어 버린 준영 군의 마중을 받고 무스땅 입경 수속을 마친 뒤 곧장 현장으로 향했다. 준영 군은 풀이 죽어 현장의 이러저런 문제를 보고했다. MBC로부터 공사를 도급받은 이경섭 씨는 다시 현지의 시공 업체에 하청을 주었는데 그 시공자와 자재상 그리고 인부들 사이에 결제가 제대로 이루어지지 않아 작업을 진행할 수 없게 되었다는 것이다. 게다가 카트만두에서 온 기능공들과 현지의 인부들이 다투는 일까지 벌어져 현장은 개점 휴업 상태라고 했다. 준공이 다가오니 밀린 노임과 대금을 주지 않으면 일을 계속할 수 없다는 그들의 심사를 이해 못할 바도 아니나 계약의 조건까지 관여할 수 없는 입장이어서 지켜보는 도리 밖에는 방법이 없다고 했다.

우선 사진 작업을 해야 하는데 현장이 어떤 상태인지 궁금했다. 숙소에 짐을 던져 놓고 언덕을 올라 현장을 찾았다. 가까이 가며 보니 안테나 기둥에는 여전히 대나무 비계가 남아 있었다. 영문을 물었더니 피뢰침이 도착하지 않아 비계를 풀지 못하고 있단다. 건물 주변은 공사 중에 파헤친 흙과 돌들이 정리되지 않은 채 나뒹굴고 있었다. 며칠째 장비가 들어오지 않아서란다. 건물에 들어서니 쓰레기장이 따로 없었다. 현지의 인부들은 모두 현장을 떠나 있고 카트만두에서 온 인부 몇은 부스스한 모습으로 손을 놓고 있었다. 비계와 쓰레기 더미가 질펀한 상황에서 사진을 만드는 일은 불가능한 일이었다. 사진가 전명진의 표정 역시 황당함을 감추지 못하고 있었다.

기본적인 공정은 모두 마쳤으므로 건축의 윤곽은 거의 완성되어 있었다. 하지만 정리와 마무리가 되지 못한 공간은 어수선하기만 할뿐이어서 실망이 컸다. 기대를 걸었던 만큼 맥이 빠진 상태로 숙소로 돌아와 점심을 하며 어디부터 손을 대어야 할지 궁리했다. 우선 잡다하게 널려 있는 자재들과 공구들을 치우고 청소를 하면 될 것이라고 생각했지만 문제는 안테나 기둥에 매어 있는 대나무 비계였다. 피뢰침을 설치하려면 반드시 필요한 가설 장치였으나 그것을 두고는 사진을 만들 수 없었다. 가능한 한 기다려 보기로 하고 현장 정리가 끝나도록 피뢰침이 도착하지 않으면 무작정 비계를 풀기로 했다. 현장 정리에 동원할 수 있는 인원을 파악해 보니 삼부의 관리직원까지 포함해도 예닐곱뿐이었다. 따로 방법이 없었다. 우리 모두가 거드는 수밖에….

식사를 마치고 잠깐 숨을 고른 뒤 현장으로 다시 올랐다. 우리는 모두 잡부가 되어 쓰다 남은 자재들과 가설재들을 치우기 시작했다. 카트만두 인부 다섯과 삼부의 직원 둘에 준영 군과 사진가와 나까지 열 사람이 함께 목마를 헐고 포대와 물통을 거두어 건물 뒤 공터로 옮겼다. 반나절

203/07/27 쓰다 남은 자재들과 가설재들 청소

땀을 흘리고 나니 어지간히 정리가 되어 공간의 윤곽이 드러났다. 처음에는 엄두가 나지 않았으나 하나하나 군더더기들이 치워지자 이번에는 돌과 유리에 쌓인 먼지를 청소하는 일이 큰일이었다. 현장소장 자낙은 어딘가로 부지런히 전화를 하기 시작했다. 인부들을 모으는 듯 했다. 그러나 이미 해가 지고 있었으므로 청소는 다음날로 미루어야 했다.

어둠이 내리고 불이 켜지자 몸은 지쳤지만 잠시 놓고 있었던 감각이 저 아래에서부터 스멀스멀 살아나기 시작했다. 어둠은 잡다한 것들을 치워 주는 역할을 하고 조명은 보이는 것만 두드러지게 하는 효과가 있다. 비록 채 정리되지 못했지만 어둠과 빛의 필터를 빌리면 나중의 완성을 예상해 볼 수 있다. 처음 이 땅을 밟은 지 일 년이 지난 지금, 그때 처음 그렸던 상상이 어슴푸레 실제의 모습으로 나타나 있었다. 건축하는 묘미는 바로 이 순간에 있다. 과연 내 생각이 진정 무엇이었는지 확인되기 때문이다. 상상의 실현만큼 신나는 일은 따로 없다. 난데없이 잡부가 되었던 전명진도 이곳저곳 두리번거리며 무엇인가 찾고 있는 표정이 역력했다.

늦은 저녁을 먹고 제대로 씻지도 못한 채 잠자리에 들었다. 준영 군과 자낙에게 내일 동원할 수 있는 인원을 알아보라 시켰는데 여차하면 일당을 우리가 직접 줄 수도 있다고 전하라 했다. 자낙은 현지 시공자와 연락이 되었으니 별 문제가 없을 것이라 했지만 이토록 일을 망치고 있는 사람을 더 이상 믿지 않기로 했다. 그것도 여의치 않으면 RITDC 임원들에게라도 도움을 받아야겠다고 작정을 했다. 준영 군이 전하는 현지의 분위기로는 그들은 방관자에 지나지 않았다.

까끄베니

다음날 새벽같이 눈을 떴으나 하늘은 잔뜩 흐려 있었다. 요리사 뗀바가 차려 준 아침 식탁에서 하루의 일정을 의논했다. 다행히 현장 정리에 필요한 인원이 확보되었다 하고 포클레인도 다시 움직이기로 했다고 하니 오늘 하루 지켜보기로 했다. 우중충한 날씨여서 사진작업 하기도 어려워 막막해 하고 있던 중에 문득 지난번 묵띠나뜨 가는 길에 보았던 까끄베니가 떠올랐다. 상 무스땅으로 들어가는 관문이라는 까끄베니의 마을 풍경이 예사롭지 않기도 했지만 무스땅 지역을 상하로 나누는 경계에 위치한 장소의 특징에 관심이 갔다. 합승택시인 랜드로버를 이용하면 반나절 코스여서 준영 군에게 현장을 지켜보라 이르고 채비했다. 준영 군은 아무래도 낯선 길이니 요리사 뗀바와 동행하는 것이 좋겠다고 했다.

삼부에서 파견한 요리사 뗀바는 한국 등반대를 따라 히말라야의 곳곳을 누빈 산악 전문가였다. 우리 음식을 만드는 것도 그때 배워 요리사가 되었다고 했다. 우리말도 곧잘 알아듣지만 평소에는 별로 말이 없는 뗀바는 까끄베니 정도는 소일거리라는 듯 선선히 그러자고 했다. 호리호리한 몸매의 뗀바는 전명진의 카메라 장비 배낭을 받아 메고 앞장을 섰다. 랜드로버를 타러 가는 길에서 마을 사람들이 길게 늘어선 장례 행렬을 만났는데 마침 RITDC의 꿀 바하두르 회장이 눈에 뜨였다. 반갑게 인사를 나누고 의논할 것이 있으니 저녁에 숙소에서 만나자고 했다. 내심 그들의 방관하는 자세를 따지고 준공을 앞둔 현장 정리에 도움을 청할 작정이었다.

랜드로버는 좌석이 채워지자 동쪽을 향해 힘차게 떠났다. 힘차게 떠났다는 것은 오프로드와 같은 험한 길을 다니며 단련된 지프차의 파워가 남달랐기 때문이다. 우기의 빗물로 길의 여기저기 웅덩이가 파였지만 차는 아랑곳없이 덜컹거리며 내달렸다. 우리는 산길을 달리고 강바닥 자갈길을 달렸다. 샛강 빤다Panda를 건너야 하는 곳에 이르자 물이 깊어 건너

기 어렵다며 차가 멈추었다. 우리는 차에서 내려 강을 건네주는 트랙터로 갈아타야 했다. 강 건너에서 대기하고 있던 랜드로버로 옮겨 타고 다시 한참을 달리자 멀리 계곡을 배경으로 까그베니가 나타났다.

　차에서 내려 언덕아래를 보니 '고원의 사막'이라는 무스땅의 삭막한 풍경이 아니라 오아시스처럼 싱그러운 전원 풍경이 펼쳐졌다. 깔리 간다끼 강과 묵띠나트에서 내려오는 종Jhong 강이 합류하는 두물머리에 자리한 까

그베니는 강과 녹지가 휘감고 있는 사이에 푸근하게 안겨 있다.

유채와 보리밭의 녹색으로 둘러싸인 마을은 지난번에 본 마르파의 분위기와 사뭇 달랐다. 같은 고원의 마을이지만 마르파가 자연스럽게 형성된 토착적인 모습이라면 까그베니는 어떤 의도가 작용한 공간의 긴장감을 보여 주고 있었다. 분명 까그베니는 원주민과 이민족 간의 경계임이 확실했다.

성채처럼 보이는 흙담집과 붉게 칠한 곰빠를 중심에 두고 무리지어 있는 마을의 모습에서 티베트의 이미지를 연상하는 것은 어렵지 않았다. 언덕길을 내려가 마을의 입구에 이르니 마치 이제부터 티베트 문화권이라는 듯 불탑인 게이트 쪼르텐이 버티고 서 있다. 두 다리 쪼르텐이라고도 부르는 불탑 아래의 입구는 오리걸음으로 지나가야 할 만큼 낮았다. 그러나 항아리 모양의 내부는 사각형으로 높게 파여 있고 우리 절의 사천왕과 같은 탱화가 그려져 있다. 외부로부터 들어오는 악귀를 막는다는 상징인데 재미있는 것은 여행자의 등에 업혀 오는 귀신을 떨어뜨리기 위해 문을 낮추어 놓은 것이다. 이곳의 귀신도 좀비처럼 허리를 구부릴 수 없기 때문이란다.

로지와 찻집이 자리 잡고 있는 골목을 지나 개울을 건너자 사원의 입구가 나타났다. 티베트 불교의 전형적인 모양을 하고 있는 곰빠는 붉은 흙을 바른 3층의 높이로 라다크의 곰빠와도 맥을 같이하고 있다. 인도에서 시작된 불교가 북상하며 고원의 토착 종교와 융합된 형식이 산맥을 따라 길게 동쪽으로 이어지고 있는 것이다. 특이하게도 나무로 만든 커다란 경통經筒 마니차를 독립된 방으로 만들어 넣어 두었는데 흔히 보는 여러 개의 마니차를 병렬해 놓은 모습이 아니었다. 나무나 금속의 둥근 통에 경전을 새기고 그것을 돌리면 경전을 읽는 것과 같다는 편리한 의례는 성서의 내용을 그림으로 설명한 성당의 성화처럼 문맹의 신자들을 배려해 고안된 것이겠지만 그것이 형식으로 정착되는 과정에 온갖 아이디어가 동원되었을 것이다. 혹시 이 마니차가 9세기 전 이곳으로 남하한 티베트의 일족이 가져온 마니차의 원형이 아닐까하는 생각이 들었지만 그것까지 추적하기에는 내공이 모자랐다.

곰빠의 내부는 만다라와 탱화들로 가득했고 천창으로 들어오는 빛

은 제례 때 쓰이는 가면과 색색의 장식들을 어슴푸레 비추고 있다. 이 작은 종교 공간은 신성과 경건의 느낌을 어둠과 빛의 대비로 마련하고 있다. 인간의 척도를 압도하는 규모로 신성을 강조하는 공간이 아니라 어둠으로 공간의 한계를 흐리고 빛으로 공간의 중심을 압축하는 연출은 또 하나의 건축학 개론이다.

　　주변에 지어진 새 건물들의 생경한 모습이 안쓰러웠지만 초데Chode 곰빠를 스케치에 담는 것으로 마음을 달래고 흙벽으로 성채를 이루고 있는 마을로 들어섰다. 모로코 페즈Fez의 미로처럼 집과 골목은 닫히다가 열리며 겹쳐지고 펼쳐지는 연출을 보이며 구불구불 이어지고 있다. 집들은 금방이라도 허물어질 듯 매우 쇠락한 모습이다. 마르파의 돌집과 달리 흙벽돌을 쌓아 올린 까그베니의 집들은 손보기를 포기한 듯 방치되어 있는데 경제적인 이유 때문일 수도 있겠으나 짐작하기에 최근 몇 년 동안 겪고

라다크기행을 Kag Chose

있는 기후의 변화도 원인일 것이라 짐작되었다. 전에 없던 우기의 빗물로 이탈리아 산 지미냐노San Gimignano의 탑처럼 솟아 있던 집들이 속절없이 허물어 내리고 있다.

마을 한가운데에 자리한 아담한 광장은 여전히 주민들의 일상을 담아내고 있었지만 이방인의 눈에 비친 풍경은 생동하는 아름다움이기보다 가라앉고 있는 늙음의 비장함으로 다가왔다. 광장에 면한 집들을 살펴보니 3층 또는 4층으로 이루어져 있는데 특이하게도 위층은 외부로 연결된 계단을 갖고 있었다. 단독주택이 아니라 공동주택인 것이다. 그것도 한번에 지은 것이 아니라 아랫집의 양해를 얻어 윗집을 짓고 또 그 위에 새집이 지어진 것이라 한다. 때로는 골목을 가로질러 다리처럼 옆집으로 이어져 있다.

그 이유를 살피려면 600년 전 마을이 형성되던 시기로 거슬러 올라가는 상상을 해 보아야 한다. 농사가 가능한 정착지의 조건과 남하하는 세력과 원주민이 충돌하는 전략적 요충지에서 방어의 효용과 경작지 확보를 도모하려면 마을의 형성은 밀집된 형식으로 나타날 수밖에 없을 것이다. 두터운 벽으로 울타리를 치고 그 안을 공간으로 삼으면 안전은 보장되지만 면적은 한정적일 수밖에 없다. 외부의 침입과 자연 재해로부터 보호된 안정적인 공간은 자연히 주변의 인구까지 흡인할 뿐만 아니라 출생률도 높아진다. 한정된 면적에 인구가 증가하면 밀도는 점점 높아지기 마련이다. 결국 부족한 공간은 틀을 넓히는 수평적 확장이 아니라 필요한 만큼 수직으로 쌓아 올리는 방법의 해결뿐이었을 것이다.

골목을 돌아 강가로 나가는 도중에 야릇한 신상神像을 만났다. 잔뜩 험악한 표정을 하고 있는데 초기 불교에 등장하는 '귀신 먹는' 신 께니Kheni이다. 발기한 부속물을 내밀고 있는 남성은 북문을, 오렌지 빛 거대한 유두를 가진 여성은 남문을 지킨다고 한다. 거친 자연환경 속에서 해가 지며 덮치는 어둠은 곧 고립과 공포를 야기했을 것이다. 칼을 든 침입자보다 더 무서운 귀기한 공포를 극복하기 위해 온갖 설화가 만들어졌을 것이고 드디어는 전설이 되고 신앙이 되어 일상의 일부가 되는 과정을 보여 주듯 께니는 힘차게 발기해 있다.

북문을 나서니 깔리 간다끼 강이 질펀하게 검은 물을 흘려 내리고 있었다. 상류의 어딘가에 검은 땅을 가진 곳이 있어서인데 그 땅은 암모나이트가 발견되는 곳이라고 했다. 땅이 높이 솟아올라 만년설을 만들고 얼음이 녹은 강물이 계곡을 깎아내면 다시 산사태로 땅이 허물어지는 자연의 과정이 한눈에 보이는 광경은 숨이 막힐 지경이어서 정신을 차리고 카메라를 들어 기억을 담기까지 꽤나 멍한 시간이 흘렀다.

강 건너 절벽에는 선사시대의 혈거일 수도, 또는 수도승의 암자일 수도 있는 암굴들이 보였지만 가까이 가기에는 시간이 넉넉하지 않았다.

사진 1, 2
부족한 공간을 메우기 위해서는 수직으로 쌓아 올리는 방법뿐일 것이다.

사진
마을 한가운데 자리한 광장

까그베니는 따로 입장료를 내고 올라가야 하는 무스땅 왕국 순례의 출발점이자 귀환점이다. 같은 비행기로 입국한 트레킹 팀이 지금쯤 저 멀리 어딘가를 걷고 있겠지만 우리는 여기에서 아쉬운 발길을 돌려야 했다.

거대한 유두를 가진 여성 께니는 결국 찾아보지 못했다. 지치기도 하고 허기가 졌을 뿐만 아니라 두고 온 일이 어찌되고 있는지 확인하는 일이 급했기에 언덕 위 식당을 찾아 요기를 하고 묵띠나트에서 내려오는 합승택시를 기다리기로 했다. 유채 밭이랑에 앉아 왁자하게 떠들며 품앗이를 하고 있는 아낙들을 지켜보며 기다리는 동안 뗀바는 차편을 알아보고 있었는데 오후 너다섯 시가 되어야 차가 올 것 같다고 했다.

　　샛강 빤다까지만 가면 좀솜으로 가는 차를 탈 수 있다기에 얼마나 걸어야 하는가 물었더니 뗀바는 주저 없이 한 시간 정도면 충분하다고 했다. 그 정도라면 무리가 없다 생각하고 길을 나섰는데 결국 두 시간 반을 걸었다. 뗀바는 자신의 걸음을 기준으로 시간을 계산했던 것이다. 우리와 보조를 맞추던 뗀바는 얼마 지나지 않아 그만 횡하니 제 걸음으로 내달아 사라져 버렸다. 외길이니 방향을 잃을 염려도 없겠지만 기어오듯 하는 우리가 못내 답답했을 것이다. 샛강에 도착해 트랙터로 강을 건너고 뗀바가 지프차 운전수와 차 삯을 흥정하는 동안 강 건너 오는 프랑스인 가족, 독일인 일행들과 인사를 주고받았다. 프랑스 팀은 안나푸르나를 돌아 내려오는 길이라 했고 독일 팀은 까그베니에서 서로 엇갈리면서 만났던 친구들이었다.

밀고 당기는 거래가 겨우 성사된 차를 타고 현장에 도착하니 이미 해가 지고 있었다. 대강의 정리는 되었지만 마당 가운데의 비계는 여전히 치우지 못하고 있었다. 전기기사가 하루만 더 기다려 달라고 하기에 어쩔 수가 없었단다. 비계는 풀어 내리기만 하면 되는 것이니 내일 청소를 하는 동안만이라도 기다려 보기로 했다. 붉게 노을 진 서쪽하늘을 보며 걸어 내려오는 발걸음이 무거웠다. 돌담에 뚫은 창에 라푸마가 보내온 투명 아크릴이 조명을 받아 그 위에 새긴 글들이 떠있듯 웅성거리고 있었다. 이 프로젝트의 후원을 맡은 라푸마가 고객들로부터 히말라야에 보내는 편지를 모아 새긴 것이다. 깃발에 소원을 올려 하늘로 기원을 날려 보내는 룽따처럼, 그리고 경전을 새긴 원통을 돌려 기원을 비는 마니차처럼 바람을 타고 우리의 인사가 전해지도록 만든 것이다. 풀어지지 않는 답답함을 그 위에라도 얹어 산신에게 부탁하면 들어주지 않을까 라는 생각을 하며 어두워진 언덕을 내려왔다.

숙소로 내려오니 꿀 바하두르 회장이 기다리고 있었다. 의례적인 인사는 아침에 나누었으므로 곧장 본론으로 들어갔다. 꿀 바하두르 회장은 일본인 회사에서 일한 경력이 있어 일본어가 통했다. 따지고 재촉하는 대화를 하기에는 앞뒤 맥락을 맞춰야 하는 영어보다 문법이 익숙한 일어가 내게는 쉬웠으므로 속내를 모두 털어놓을 수 있어 다행이었다.

나는 설계비도 받지 않는 재능 기부를 하고 있고 준영 군은 이미 계약 기간을 넘긴 채 낯선 땅에서 고군분투하고 있는데 어찌해서 당신들은 도움은커녕 관심조차 주지 않는가를 따졌다. 꿀 바하두르 회장은 다들 생업에 매달려 바쁘기도 하지만 그저 잘되고 있는 줄만 알고 있었다고 했다. 현지 인부들과의 일이나 자재업자들과의 관계를 풀어 주고 중재할 수 있는 역할을 해 주었으면 일이 이 지경에 이르지 않았을 것이라 타박을 하고

이제라도 도와 줄 것을 부탁했다. 꿀 바하두르는 내일부터라도 부녀회를 동원해 청소를 돕겠다고 했다. 미안하다 하는 사람에게 더 이상 면박을 줄 수는 없기에 마당에 걸 룽따를 구해 달라 부탁했다. 종교공간은 아니지만 이곳의 일상적 풍경이기도 한 오색 깃발은 돌과 콘크리트로 채워진 회색의 공간에 생기를 불어 넣을 마침한 요소라고 생각해 두었던 것이다. 회장은 당장이라도 구할 수 있으니 염려 말라고 했다.

　뻐근한 허리와 다리의 피로를 풀려면 빨리 쉬어야 했다. 욕조가 있으면 더운 물에 몸을 담그기라도 하겠지만 그럴 수도 없기에 샤워를 틀어 태양열로 덥힌 뜨거운 물과 수증기로 몸을 풀었다. 잠을 청하려고 갖고 간 《열하일기》를 펼쳤지만 연암 박지원의 이야기는 머리에 잘 들어오지 않았다. 여전히 현장의 마무리와 날씨에 관한 걱정이 자리를 비우지 않고 있었기 때문이다. 침대머리에 걸터앉아 멀리 창밖으로 보이는 현장의 실루엣을 바라보며 내일의 날씨가 어떨지 걱정하는 동안 좀솜의 이틀째 밤은 무겁게 깊어지고 있었다.

일출

3시간 15분이란 애매한 시차 탓이기도 했지만 밤새 깊은 잠에 들지 못하고 뒤척이다가 새벽에 눈을 떴다. 얼핏 창밖을 보니 아직 어둠이 가시지 않은 어둑새벽인데도 하늘에는 어제와 다른 투명한 기운이 감돌고 있었다. 날씨가 사뭇 달랐으므로 긴가민가하며 머뭇거리다 보니 어느새 창밖이 희미하게 밝아오고 있었다. 여명을 앉아서 기다리고만 있을 수 없는 일이기에 확실히 날씨를 살피러 숙소의 5층 옥상에 올랐다. 해는 아직 떠오르지 않았는데도 구름 한 점 없는 하늘은 눈이 시리도록 맑게 밝아오고 있었다. 어느새 전명진도 카메라를 챙겨들고 부스스한 모습으로 옆에 와 서 있다. 그 역시 편안한 잠을 자지 못한 것이 분명했다.

　　새벽의 어스름 속에서 "바람을 품은 돌집"은 어둑하니 산 그림자 속에 웅크리고 있었다. 추위를 느낄 정도로 서늘한 고원의 공기에 옷깃을 여미며 정신을 가다듬고 있는 중 두 입에서 동시에 "아!"하는 감탄사가 나왔다.

서쪽으로 아득히 보이는 8,700미터 다울라기리가 하늘의 빛을 받아 하얗게 빛나기 시작했기 때문이다. 눈을 뗄 수 없을 만큼 다울라기리는 영롱한 모습으로 다가왔다. 다울라기리에 잠시 머문 듯 보이던 빛은 이윽고 그 아래에 솟아 있는 하얀 봉우리들의 순서를 매기기라도 하듯 하나하나씩 밝히며 서서히 어둠을 낮추며 다가오기 시작했다.

서쪽으로부터 점점 가까이 다가오는 빛을 보며 숨을 죽이고 하늘의 조화에 감동하고 있던 순간 찰나처럼 빛의 방향이 바뀌며 남쪽 7,060미터 닐기리 꼭지가 황금빛으로 변했다. 그 찬란함에 감탄사는 "어… 어…"에서 "으악!"으로 바뀌어 튀어 나왔다.

정작 빛의 근원인 태양은 아직 모습을 드러내지 않았지만 어둠의 장막을 미리 거두는 전령처럼 하늘을 가로질러 내려오는 빛살은 만년설의 봉우리들을 잠에서 깨우고 있었다. 닐기리에 닿은 빛은 능선을 따라 옆으

로 움직이다 드디어 방송국의 뒷산을 향해 내려오기 시작했다. 좀솜과 닐기리 사이는 약 10킬로미터, 그 골 깊은 어둠을 닦아내는 동안 빛의 행진은 잠시 멈춘 듯 시야에서 사라졌다. 여전히 마을은 어둠에 잠겨 있었고 바람을 품은 돌집도 희미한 윤곽만 보여 주고 있었다. 우리는 먹먹한 마음으로 말을 잃은 채 어디선가 다시 나타날 빛을 기다리고 있었다. 얼마가 지났을까 빛은 숨었다 나타나는 술래처럼 뒷산 정수리로 느닷없이 올라와 앉았고 기지개를 켜듯 날개를 펼치기 시작했다. 얼핏 고개를 돌려 동쪽을 보니 빛은 두 개의 봉우리 사이로 탐조등처럼 새어나오고 있었다. 부탁하지도 약속하지도 않았는데 태양은 연극을 연출하는 무대조명처럼 언덕 위 바람을 품은 돌집을 정확하게 겨누고 있었다.

　　카메라의 촬영모드를 동영상으로 전환할 틈도 주지 않고 빛은 산을 타고 어둠을 씻어 내리기 시작했다. 북향이어서 한낮에는 그늘에 들어 있어 밋밋해 보이기만 하던 뒷산이 짙은 그림자로 주름을 만들고 있었다. 지층의 거친 결과 흘러내린 흙더미의 뚜렷한 윤곽은 자신 역시 다른 산들과 겨룰 수 있을 만큼의 존재라는 것을 강조하는 것 같았다. 산을 타고 내려오던 빛은 드디어 지붕에 닿았고 내쳐 한걸음에 자신을 돌 벽에 쏟아 부으며 공간의 형체를 어둠에서 솟아오르게 했다.

　　그렇게 히말라야의 돌집은 하늘의 빛으로 제 모습을 만들고 있었다. 건축을 건져 올린 빛은 주변의 대지를 마저 다듬고 언덕을 내려온 뒤 이윽고 마을을 깨우기 시작했다. 그곳에는 다만 빛이 있었을 뿐 시간은 따로 존재하지 않았다. 또 다시 이토록 눈부신 빛의 연출을 받을 수 없을 것이기에 밝아지고 있는 마을을 내려다보며 우리는 아쉬운 마음을 진정시켜야 했다. 기다림의 간절함 때문이었을까 마음속은 벌써 눈물을 흘리고 있었다. 전명진의 큰 한숨소리 역시 그 마음이 나와 다르지 않다는 것을 들려 주고 있었다.

세 시간 여에 걸친 빛의 무대를 지켜보고 아래로 내려오니 그곳은 여전히 현실의 세계였다. 서둘러 아침식사를 마치고 현장에 올랐는데 부녀회에서 온 아주머니들이 인부들과 함께 청소를 하고 있었다. 그러나 비계는 아직 치워지지 않은 채 버티고 있었고 주변은 바위와 쓰레기가 나뒹굴고 있어서 어지러웠다. 내부는 대강 정리가 되었으나 진입로 부분과 라푸마의 캠핑장 정리가 문제였다. 낮게 돌담을 쌓아 방송국의 돌 벽을 연장시켜 땅을 다듬으려던 계획은 포기해야 했다. 채석장에서 들어오기로 약속한 돌이 계속 해결되지 않고 있었기 때문이다.

어수선한 분위기에서 이것저것 지시를 하고 있는데 처음 보는 한 남자가 현장으로 긴 막대를 들고 올라왔다. 하도급을 받은 현지 시공자 자하 Jha였다. 아침 비행기로 피뢰침을 들고 온 것이다. 괘씸하기 그지없었기에 인사를 하는 시늉만 한 뒤 준영 군에게 서둘러 피뢰침을 설치하고 비계를 풀라 일렀다. 전공들이 비계에 올라가 피뢰침을 설치하고 있는 동안 공개홀에 통나무 의자를 배치하고 스피커 등 기기의 자리를 잡았다. 이곳저곳을 남의 집 구경하듯 두리번거리며 살펴보던 자하는 한쪽에 앉아 서류 뭉치를 꺼내 들고 무엇인가 계산을 하고 있었는데 신경을 쓰지 않기로 했다. 11시가 되자 점심을 먹으러 인부들이 빠져나가기에 마을의 숙소까지 오르내리기도 귀찮은 일이어서 인부들과 같이 쟁반을 들고 쭈그려 앉았다. 준영 군이 내가 준 경비를 풀어 닭고기 카레를 준비했지만 푸석푸석한 쌀과 짙은 카레 냄새로 절반도 먹지 못하고 물려야 했다.

오후가 되자 대나무 비계의 철거가 시작되었다. 유월 중순 안테나 기둥이 세워진 후 방송 기기를 연결하기 위해 세웠던 가설물이 부품 하나의 문제로 한 달 동안이나 버티고 있었던 셈이다. 해체하는 작업이 끝날

2013/07/29   진입로 판석 부족으로 인해
통나무 시공

즈음 꿀 바하두르 회장이 룽따를 한 묶음 가져 왔다. 풀어 내린 대나무 비계를 치우고 오색 깃발이 걸리자 비로소 일의 끝이 보이기 시작했다.

여기저기 살피며 사진을 찍던 전명진은 어딘가로 사라져 보이지 않았다. 룽따가 펄럭이기 시작했으니 바깥 어딘가에서 본격적인 촬영을 시작하고 있을 것이다. 화장실의 거울과 판석 붙이기는 겨우 마무리 되었으나 가구와 진입로에 쓸 판석은 여전히 들어오지 않고 있었다. 속이 끓고 있는데 준영 군이 자하가 내민 서류를 보며 다투고 있었다. 무슨 일인가 확인하니 추가 공사를 인정하는 감리의 사인을 요구했다고 한다. 어림없는 소리이니 상대하지 말라하고 또 서류를 꺼내면 내게 미루라고 일렀다.

 2013/07/29 대나무의 비계가 철거되고
피뢰침 설치 후 룽따 설치

흙과 바위를 밀어 땅을 고르던 장비의 엔진이 꺼지고 현장 사람들이 하나둘 숙소로 돌아가자 돌집에는 적막한 비움만 남았다. 방송 스튜디오 안에 남아 장비들을 점검하고 테스트하는 라디오 무스땅의 직원들은 새로운 공간에서 시작할 방송을 준비하느라 분주하게 움직이고 있었다. 그들에게는 이제부터 시작이지만 나에게는 이제 손을 놓아야 하는 시간이 다가오고 있었다. 완성을 이루지 못하고 조우한 새벽의 감동이 아쉬웠으나 미진한 채라도 이제는 마무리를 생각해야 했다.

조명을 켜고 사진의 앵글을 잡아 보며 이곳저곳을 살피고 있는데 한 무리의 소년들이 마당으로 들어왔다. 낯익은 룽따가 걸리자 호기심이 발동한 동네의 아이들이었다. 방송 스튜디오와 공개홀을 살피고 옥상까지 올라가 보도록 내버려 두었더니 구경을 마친 아이들이 우리에게로 몰려왔다. 아이들은 네팔어와 영어를 함께 공부하고 있어서인지 쉽게 말이 통했다. 감상을 묻자 모두다 엄지를 치켜 올리며 "나이스!"라고 합창한다. 어느 나라 사람이냐, 무엇하는 사람이냐 이것저것 물어보며 재잘대던 아이들이 이곳에서 무엇을 보고 무엇을 느꼈을지 알 수 없지만 굳이 소감을 듣거나 설명을 덧붙일 필요가 없었다.

건축이란 그저 좋으면 되는 것이다. 아무리 숭고한 철학과 미학이 동원되었다 하더라도 건축은 완성되는 순간 일상의 것이 된다. 건축가의 개념이나 의도는 일상의 필요를 해결하는 것일 뿐 그것이 목적일 수 없다. 일상의 관점은 기능의 편리와 감각적인 안락에 쏠리게 마련이다. 건축의 결과는 일상의 내용을 다듬은 것이다. 늘 그랬듯 겉으로는 달라지지 않았지만 어디엔가 변화가 생기고 그래서 익숙함이 새롭게 느껴지는 과정을 만들 수 있다면 건축은 일상을 진화시킬 수 있다.

아이들의 소란이 물러나자 어둑한 공간에 다시 고요가 찾아왔다.

전명진이 그림의 구도를 잡고 있는 모습을 지켜보며 벽난로의 불길을 고르고 있었는데 문뜩 하루 내내 머릿속을 떠나지 않고 매달리던 생각이 무엇이었는지 떠올랐다. 바로 녹색의 결핍이었다. 그동안 백여 채가 넘는 건축을 만들며 공간이 완성되는 순간, 개념이 실제로 변환되는 계기가 생명의 색인 초록의 개입인 것을 경험했다. 진입로의 경사면에 바위와 함께 뒷산의 덤불을 옮겨 심으려던 계획이었으나 흙을 돋우지 않고 돌만 쌓고 심어놓은 나무와 풀들이 말라 버렸기에 준영 군의 짧은 생각을 나무랐다. 그러다보니 정작 내부에 놓을 식물을 미처 잊고 있었던 것이다. 사무실과 숙소 그리고 식당에 면한 돌담과 유리문 사이의 작은 뜰에 이곳의 사과나무

를 심으려 했지만 현장의 복잡한 사정으로 실행되지 못한 것은 그렇다 치더라도 대신 소복한 화분이라도 놓으면 될 것이라 생각했다.

저녁 식사 자리에서 자낙에게 질그릇 항아리를 구해오라 시켰다. 헌데 자낙은 무엇을 말하는지 의아해 했다. 그림까지 그려가며 설명을 했더니 자낙은 그런 항아리를 이곳에서는 구할 수 없다고 했다. 사람이 사는 곳인데 질그릇이 없다니 난감한 일이었다. 그러나 다시 생각해 보니 그럴 수밖에 없었다. 이곳의 환경이 질그릇을 만들 수 없는 조건이었기 때문이다. 도자기를 만들 흙은 있지만 구울 수 있는 연료가 없는 것이다. 전통시대의 도요지가 숲을 전제로 만들어졌다는 것은 상식이다. 수천 도의 불길

을 계속 일구다보면 나무는 곧 고갈되고 만다. 혹독한 추위를 난방도 없이 견뎌야 하는 사막과 같은 환경에서 도자기는 생필품이 아니라 고가의 수입 사치품이었을 것이다. 토기 화분은 결국 포기해야 했다.

그러나 녹색의 오브제는 반드시 놓아야 할 숙제였다. 묘수를 찾아야 했다. 돌과 흙을 담아 이마에 걸치고 나르던 대나무 광주리 도꼬Doko가 떠올랐다. 시멘트 포대에 흙을 담아 나무를 심고 도꼬에 넣어 앉히면 훌륭한 화분을 만들 수 있을 것이다. 자낙에게 아이디어를 설명했더니 알겠다며 내일 바로 준비하겠다고 했다. 그런데 알았다면서 고개를 갸우뚱 기울인 채 대답하는 자세가 미덥지 않아 다시 확인하려 하는데 옆에서 지켜보던 준영 군이 저렇게 고개를 기울이는 제스처는 이곳에서 "예스"를 의미하는 것이라고 설명하기에 그만 웃고 말았다.

준공

어제와 같은 기적을 기대하며 눈을 떴으나 행운은 겹쳐오지 않았다. 맑은 날씨인데도 닐기리를 비롯해 주변의 봉우리들이 구름을 걸친 채 빛을 가리고 있었다. 아침 일찍부터 자낙이 서둘러 장만한 대광주리 도꼬에 흙을 담고 나무를 심어 화분 만드는 작업을 시작했다. 나무를 캐러 산으로 올라가는 사람들에게 가능한 한 뿌리가 상하지 않도록 흙과 함께 떠오도록 부탁했는데 결국 그들이 캐어 들고 온 것은 잘라진 맨 뿌리였다. 척박한 땅에 깊이 뿌리내려 자갈과 뒤엉킨 나무를 곱게 모셔오는 일이 어려웠겠지만 이들은 나무를 옮겨 심는 일 자체를 이해하지 못하고 있는 듯 했다. 어쩔 수 없이 캐어 온 나무들 중에서 당분간이라도 견딜 만한 것을 골라 도꼬에 심었다. 이름 모를 고산 식물들은 수분의 부족과 억센 바람에 적응하도록 낮은 모습으로 가지를 뻗어 엉키듯 자라고 있었다. 쇠꼬챙이로 후비듯 파낸 뿌리는 굵고 길어 화분에 담기가 힘들 정도였는데 우선 자리를

사진
공사를 마무리하고
정리하는 모습

잡아 두면 나중에라도 이곳 사람들이 지혜를 발휘할 것이라 기대하기로 했다. 20여 개의 화분을 배치하고 나니 그런대로 집의 구색이 갖추어졌다. 충분히 물을 주도록 이르고 이 구석 저 구석 최종 점검을 하는 동안 반나절이 지나갔다.

물청소를 하느라 분주한 현장에서 동분서주하고 있는데 언제 도착했는지 이경섭 씨가 계면쩍은 웃음으로 다가와 인사를 했다. 필요한 나머지 자재들을 갖고 왔으나 몇 곳 끼우지 못한 큰 유리가 헬기의 적재함에 들어가지 않아서 뽀카라에 두고 왔다고 했다. 어쩔 수 없는 일이었다. 준영 군은 깨진 유리 중에서 성한 부분을 잘라 이어서라도 채우겠다고 하기에 그리하도록 했다. 현장에 차려 준 쟁반 식사를 하며 이 회장에게 시공의 이러저런 문제들을 지적했다. 미흡한대로 수습할 수 있는 사항들은 인정하겠으나 진입로와 가구에 쓰일 판석의 경우는 무조건 해결하라고 했다. 마침 하도급자인 자하도 현장에 있으니 어떤 수를 쓰더라도 판석을 들여와 진입로를 보수하고 가구가 설치되도록 하라고 강조했다. 이 회장은 그리하겠다며 자하를 불렀다. 네팔어로 고성이 오가는 두 사람의 대화는 어딘가 불안했다. 어느 쪽에선가 잘못되고 있는 것이 분명했으나 내가 끼어들 수는 없는 문제였기에 두고 보기로 했다. 바람직한 경우는 아니지만 어쩔 수 없이 한동안 잊고 있었던 감리의 준공 승인 권리행사에 마지막 희망을 걸 수밖에 없게 되었다.

이번 여행의 일정은 모든 것이 순조로울 경우, 7월 30일까지 촬영을 마치고 31일에 뽀카라로 내려와 8월 2일 귀국 편으로 돌아오는 것이었다. 8월 1일 하루의 여유를 둔 것은 날씨의 조건에 따라 하산하는 예정이 항상 불확실했기 때문이었다. 하지만 이미 하루의 여유를 써 버렸으므로 8월 1일의 무사귀환은 하늘의 뜻에 맡기기로 하고 미리 경비행기의 예약

2013/07/30   유리를 끼우고 판석을 교체하는 등
             미진한 부분 보완

을 변경해 두었는데 현지에서 따로 수배한 준영 군의 예약을 바꿀 수 없게 되었다. 그렇지 않아도 150일의 비자 기한을 넘겨 출국 문제까지 해결해야 하는 사정인 준영 군은 마무리도 채 못하고 내일 철수하게 되었으니 오늘이 네팔에서의 마지막 날이었다. 외부 정리도 어느 정도 손질이 끝나고 있었기에 건축주인 MBC나 KOICA의 누구도 없는 자리였지만 조촐한 준공식을 하기로 했다. 형식상으로 내게 설계를 부탁한 발주자는 MBC이지만 실제 건축주는 이곳 네팔, 무스땅의 사람들이기에 집을 만들어 준 그들과 현장 소장과 같은 감리로 고생한 준영 군을 위해 잔치를 벌이는 것은 어쩌면 당연한 일일지도 몰랐다. 준영 군에게 염소를 한 마리 잡으라 하고 RITDC에도 연락해서 회원들도 올라와 저녁시간을 같이하자고 알렸다.

　　50여 명 쯤 되는 인원이 각자 맡은 일을 하느라 분주한 하루를 보내는 동안 건축은 제 모습을 온전히 드러내기 시작했다. 전명진도 바쁘게 움직였다. 며칠 동안 빛의 움직임을 관찰해 두었을 터이므로 시간에 맞추어 트리포드를 이리저리 옮겨 나가고 있었다. 그러나 작업이 채 끝나지 않아 인부들이 오락가락하는 사이에서 제대로 된 건축 사진을 만들기에는 어려울 것이기에 내일 하루를 충분히 이용하는 편이 좋을 것 같았다. 대신 작업하는 사람들을 한 사람씩 세워 초상사진을 찍으라고 부탁했다. 돌아가 책을 만들게 되면 꼭 소개하고 싶은 얼굴들이기 때문이다. 처음 몇은 영문도 모르고 자세를 잡았지만 또 몇은 손사래를 치며 피하려고 하기에 자낙을 불러 뜻을 전하라 했더니 모두들 순순히 응해 주었다.

　　전명진 역시 패션 전문 사진가답게 모델의 자리를 잡아 주고 포즈를 주문하며 작업했다. 늘 그랬듯이 현장에는 아이들도 몇 놀고 있었는데 녀석들도 불러다 모델로 세웠다. 그 중 한 계집아이는 며칠 동안 유난히 나를 따랐다. 짧은 머리를 하고 있어서 사내아이인 줄 알았으나 코 바퀴에

피어싱한 것을 보니 여자아이였다. 아이가 알 수 없는 말을 종알거리며 호기심을 보이기에 어미에게 이름을 물었는데 웃기만 할 뿐 말해 주지 않았다. 혹 영어를 모르거나 수줍음을 타는 것인가 했는데 준영 군이 다가와 그 아이는 농아, 듣지 못한다고 했다. 어미가 입가에 흘렸던 애매한 웃음은 수줍음 때문만이 아니었던 것이다. 이름을 알아도 듣지 못하는 아이이니 부를 수도 없을 것인데 무얼 그리 알려고 하는가라고 그녀는 희미한 웃음으로 대답했던 것이다. 다른 아이들은 낮 동안 잠깐씩 학교에 다녀오기도 했지만 또래들과 어울려 놀기보다 나를 따라다녔던 이유가 그 아이의 장애 때문이었다니 안타까웠다. 어미는 한사코 아이와 함께 카메라 앞에 서기를 꺼렸다. 그녀는 함께 일하던 아낙들의 성화로 마지못한 듯 자세를 잡았는데 멋진 그림이었다. 어쩌면 저 사진이 아이의 귀를 열어 줄 빌미가 될 수 있지 않을까라는 생각이 들었다. 하자고 하면 어려운 일이 아닐 것이기에 방법을 찾아보기로 마음먹었다.

해가 저물 무렵 주차장 넘어 자재창고 옆에서 조리된 염소 요리가 준비되자 모두들 큰 마당에 둘러앉았다. 꿀 바하두르 회장 일행도 자리를 함께 했다. 특별한 의식은 없었지만 룽따가 펄럭이는 공간에 앉아 쟁반에 담긴 음식을 들고 전통주 라끄시Lakshi를 돌렸다. 한낮에 몰아치던 바람도 잦아들어 평온이 찾아온 시간에 이들과 함께한 공간은 설계하며 상상했던 것이 드디어 완성된 모습이었다. 각자의 입장에 따라 감회가 다르겠지만 일 년여에 걸친 작업을 마감하는 자리여서인지 모두 묵묵히 먹기만 했다. 다들 지친 분위기여서 노래와 춤까지는 기대하지 않았으나 하나 둘 자리에서 일어나는 것으로 잔치는 조용히 끝났다.

꿀 바하두르 회장은 마을 식당에서 RITDC가 준영 군의 송별회를 하려고 하니 자리를 옮기자고 했다. 현장을 정리하고 내려간 식당에는 전

2013/07/31   인부들, RITDC 회원들과 준공식

에 만났던 회원들이 모두 모여 있었다. 야경을 찍느라 뒤늦게 내려온 전명진까지 합석해 작은 파티가 열렸다. 이미 식사를 마쳤으므로 맥주와 사과주로 건배를 하고 네팔어, 영어, 일본어, 한국어가 뒤섞인 인사를 나누었다. 그들은 준영 군에게 작고 아담한 감사패를 전했다. 준영 군은 이민국에 이것을 들고 가면 되겠다고 즐거워했다. 우리는 그들이 걸어 주는 황금색 스카프 카따를 목에 걸고 자리에서 일어섰다.

RITDC에서 현장 감리를 한
조준영 군에게 전달한 감사패

20130728

촬영

다음날 준영 군은 비행장으로 나가 대기해야 했으므로 새벽 같이 서둘러 떠났다. 흐린 날씨여서 경비행기가 뜰 수 있을지 미지수였으나 그것보다 사진 촬영 가능 여부가 더욱 문제였다. 마음은 급했지만 서두른다고 해결될 일이 아니었기에 우리는 하늘의 눈치만 보며 기다리기로 했다. 하늘의 빛을 받아 건축을 찍는 일은 곧 기다리는 일이다. 풍경을 이루는 건축을 인공조명으로 연출할 수는 없다. 건축이 자연의 일부라고 주장하려면 태양 아래의 모습이어야 하니 필요한 곳에 필요한 만큼의 빛이 닿는 순간을 기다려야 한다. 다행히 해가 높아지며 구름이 엷어지기 시작했다.

　　그러나 여전히 프로펠러 소리는 들려오지 않아 준영 군의 하산이 예정대로 이루어질지 걱정이었다. 이 회장이 함께 나가 있으니 어찌되든 해결되리라 믿고 현장으로 향했다. 평소에는 지름길인 골목을 이용했는데 오늘은 큰 길로 나와 마을과 학교에서 보이는 장면부터 만들기로 했다. 신축중인 현대식 곰빠의 옥상에도 올라보고 학교의 지붕에서도 구도를 잡아 보았다. 하지만 엊그제의 햇살이 아니어서인지 돌집은 뒷산에 묻혀 제대로 드러나지 않았다. 그 땅에서 나온 그 땅의 재료를 쓴 결과가 그 건축의 그림을 만들지 못하게 되는 아이러니를 만들고 있는 것이다. 땅과 함께 되는 건축을 의도했으니 정답을 만든 것은 확실했으나 그 사실이 그림으로 담아지지 않으니 누구를 탓할 수도 없게 되었다.

　　오직 믿을 것은 전문가의 기량뿐이었다. 며칠 동안 함께 사진을 찍었지만 한 번도 전명진에게 사진을 보자고 하지 않았다. 어떤 장면이 잡혔는지 궁금하지 않았다면 거짓말이다. 단지 내가 그를 선택했고 맡겼으니 나중에 그가 선별한 결과만 받으면 그만이라 생각했다. 15년 전 김옥길기념관을 만들 때 건축주였던 김동길 박사가 내게 보여 준 원천적인 위임이 바로 그랬다. 김 박사는 문이 어디로 나는지, 돈이 얼마나 드는지, 언제까

지 지어야 하는지조차 따지지도 묻지도 않았다. 맡겼으니 알아서 하라는 뜻을 나중에야 깨닫는 바람에 나의 온 시간을 그것에 바쳐야 했던 기억이 새롭다. 김 박사의 사람 쓰는 방법이었던 것이다. 가칭 "세상에서 가장 아름다운 방송국"도 재능 기부라는 평계로 작업의 전권을 MBC로부터 빼앗듯 받았으니 그만큼이나 사진의 시작과 끝도 당연히 사진가의 영역이 되어야 했다. 내가 만든 사진은 그저 기록으로 남으면 그만이었다.

햇살을 등지고 돌집의 뒷면을 향해 비탈을 올라갔다. 뒤에서 보면 방송국은 바위언덕아래 마을을 굽어보는 자세를 하게 된다. 운이 좋으면 다울라기리도 함께 잡을 수 있다. 그러나 오늘은 하늘이 모른 척 외면하고 있었다. 계곡에서 피어오른 구름이 다울라기리를 두껍게 가리고 있었다. 아쉽지만 구름이 비켜나기를 마냥 기다리고 있을 수 없는 일이어서 뒷산 높은 곳으로 올라가 옥상이 보이는 각도를 몇 곳 잡았다. 전명진은 어제 산에서 본 각도를 작업해 두었다며 내부 촬영을 하고 있었다. 빛의 각도에 따라 돌의 질감이 다르게 나타났고 공개홀의 천장에 빛이 스미는 장면은 동쪽의 빛이 들어와야 하므로 순간의 타이밍을 놓치지 않으려면 부지런해야 했다.

산에서 내려와 마당에서 카메라의 파인더를 세우기도 눕히기도 하며 그림을 만들고 있는데 이경섭 씨가 들어왔다. 결국 비행기는 뜨지 않았는데 마침 헬리콥터를 부른 영국인 트레커들이 있어서 준영 군을 그 틈에 끼워 내려 보냈다고 했다. 요금은 더 들었겠지만 다행이었다. 더구나 내일의 우리 형편이 어찌될까 걱정이었는데 헬리콥터라는 또 하나의 방법을 동원할 수 있다는 것을 알았으니 안심해도 되었다. 비행기보다 낮게 나는 헬기는 악천후만 아니면 운항이 가능하다고 했다.

정오가 되고 있는지 마당의 빛이 가운데로 모이고 있었다. 회랑의 그늘에 앉아 잠시 숨을 고르고 있던 우리는 다시 주섬주섬 카메라를 들고 일어섰다. 17밀리미터 광각렌즈에 겨우 들어오는 마당의 폭이었지만 빛과 그림자가 한 줄로 정렬되는 순간을 놓칠 수 없었다. 좌우대칭의 경직된 그림을 좋아하지 않았으나 이런 경우는 사정이 달랐다. 처마의 그림자가 움직이는 장면을 지켜보고 있을 때 묘하게도 안테나 기둥의 그림자가 해시계처럼 북측의 가운데 기둥과 겹쳐지자 지붕의 그림자가 마당의 턱에 정확하게 포개어졌다. 정확한 시간을 재지 않았지만 그 순간이 정오였다면 바람을 품은 돌집의 축은 정확하게 동서남북의 방향과 일치해 앉혀진 셈이다. 그리하려고 의도한 것이 아니라 땅의 형국과 주변의 형세를 살펴 감각으로 방향을 잡은 것인데 우연의 결과라 해도 묘한 우연이어서 마치 필연인 것처럼 느껴졌다. 평소에 우연과 우연이 겹쳐져 필연이 되는 것이 자연이라 주장했는데 그 생각이 틀리지 않았다면 이 경우가 그것의 증명일지도 모르는 일이었다. 하기는 세상만물이 처음부터 필연이었을 리는 없을 것이다.

숙소로 내려가 잠시 쉬기로 했다. 오후 서너 시가 되어 햇살이 누어야 서쪽 벽에 빛이 들 것이니 한 번 더 기다리는 일이 남았다. 카메라의 모니터를 돌려보니 촬영한 이미지 매수가 1,000장을 넘어서 있었다. 전명진은 이미 3,000장을 넘었다고 했다. 풍경과 스냅도 꽤 있겠지만 하나의 대상을 이토록 찍은 일은 처음이었다. 사진 작업을 하며 세계를 돌았던 전명진도 이번 같은 경우는 처음이라며 절레절레 고개를 저었다. 며칠 동안 한곳에 묶여 있었기 때문이었는지 아니면 그만큼 담을 것이 많아서였는지 판단이 서지 않았다. 그러나 건물의 규모에 관계없이 몇 장면으로 끝나거나 계속 파인더에서 눈을 떼지 못하는 두 가지 경우를 생각해 보면 이번 작업이 그다지 실패한 것은 아니지 않았을까 하는 위안이 되었다. 제대로

사진
안테나 기둥의 그림자가 북측
가운데 기둥과 겹쳐진 모습

사진 1
촬영 중인 사진가 전명진

사진 2
촬영 중인 건축가 김인철

된 건축의 평가는 나중에 받게 되겠지만 그동안의 경험에 비추어 보면 작업의 성패는 현장의 작업 과정에서 사진을 스케치할 때 미리 드러나곤 했다. 제 눈의 안경처럼 자기합리를 씌운 주관으로는 괜찮아 보일지라도 사진은 객관적인 사실을 보여 주기 때문이다.

이윽고 해가 뉘엿하게 기울자 다시 언덕에 올랐다. 멀리 강과 계곡을 배경으로 단순한 몸체를 산과 언덕에 걸치고 있는 돌 벽에 오후의 햇빛이 어른거리고 있었다. 그러나 서쪽 하늘에 피어오른 구름이 좀처럼 원하는 장면을 만들어 주지 않고 있었다. 하릴없이 기우는 해를 보며 바위틈에 앉아 예고 없는 어떤 순간을 기다리는 동안 무심한 구름은 우리의 애를 태우기만 했다. 위에서 본 건물은 어딘가에서 떠내려 온 난파선처럼 보였다. 녹 쓴 마스트와 퇴색한 듯 흐려 보이는 돌 벽은 영락없는 폐선의 모습이었다. 화려한 유람선을 만들려 한 것이 아니라 원래부터 그곳에 있었던 듯 풀을 뜯는 소처럼 태연한 모습을 만들려 한 것이었는데 왠지 쓸쓸해 보이는 것은 내일이면 떠나야 하는 우리의 심사 때문인지도 몰랐다.

오랜 기다림 끝에 미흡한대로 몇 장면을 잡았기에 산에서 내려와 실내의 야경을 살폈다. 그러나 원하던 장면 하나는 결국 잡아내지 못했다. 성글게 쌓은 돌 틈 사이로 바람이 스미듯 빛이 새어들거나 내부의 빛이 새어 나오는 순간을 포착하려고 했는데 40센티미터 정도로 포개어 쌓은 벽의 두께가 문제였다. 작은 구멍의 틈은 수평으로 오는 빛이 아니면 통과할 수 없는 깊이였기 때문이다. 조금만 더 생각했더라면 풀 수 있는 문제였는데 그만 지나쳐 버렸으니 이제는 후회한들 소용없는 일이었다. 거세게 부는 계곡의 바람을 잊게 만드는 마당의 안온한 느낌을 빛으로 연출하려 했던 희망은 거두었지만 돌 틈으로 새어 나오던 바람의 촉감과 소리는 소중한 기억으로 남았다. 이차원의 그림으로 삼차원의 공간감을 보여 줄 수는

사진 1
사진가 전명진이 촬영 후 합성한
바람을 품은 돌집 마당과 나

있지만 사차원의 촉감까지 표현할 수는 없을 것이기에 나중에 MBC가 만들 영상을 기대하기로 하고 안타까운 마음을 접었다.

　　그렇게 하루의 작업이 끝났다. 어둠이 찾아들고 있는 고원의 풍경을 보며 불을 밝힌 공간에서 못내 미진한 마음을 달래고 있는데 이번에는 마을의 소녀들이 몰려 왔다. 핸드폰을 꺼내 서로 사진을 찍어 주며 재잘거리던 아이들은 마치 제집인양 이곳저곳을 시시덕거리며 휘젓고 다녔다. 그녀들에게 이곳은 낯설지 않고 편안한 것이 분명했다. 캄보디아의 크메레스크에서도 그곳 사람들은 거부감이나 두려움 없이 교당의 마루와 벽돌 벽에 편히 기대어 앉았다. 새롭고 생경한 건축을 과시하듯 이식하는 것이 아니라 그들에게 익숙한 감각을 현재의 것으로 다듬어 만들려 했던 의도는 그렇게 받아들여지고 있었다. 나중에는 군견을 데리고 순찰 중이던 군인들까지 들어와 기웃거리기 시작했다. 여군까지 보이는 네팔의 병역제도를 잘 알지는 못했으나 도회에서 징집되어 온 청년들일 것이 분명했다. 총을 멘 위압적인 모습에 어울리지 않게 그들은 여유로운 표정으로 인사를 하고 이것저것 물어왔다. 공간의 쓰임을 대강 설명해 주고 어떻게 생각하는가 물었더니 엄지를 치켜세우며 저 아래 큰 도시에 세웠다면 더 근사했을 것이라고 지휘봉을 든 친구가 말했다.

　　이제 바람을 품은 돌집과의 인연은 오늘 마지막 밤이 지나면 헤어지는 순서만 남겨 두고 있었다. 낯선 곳에 아이를 입양시키고 돌아가는 보모의 심정이 아마 이렇지 않았을까 하는 마음이 되어 기분은 자꾸만 가라앉고 있었다. 두고 온 아이가 어떤 인생을 살게 될지 막막한 심정이었지만 그러나 세상사가 다 그런 것처럼 건축의 일도 원래 그런 것이라 여기고 빨리 미련을 거두어 마음을 추슬러야 했다. 건축은 완성되어 주인의 손으로 넘겨지면 곧 일상의 필요에 맞추어지기 마련이다. 수십 년 또는 수백 년

사진 2
제집인양 이곳저곳을
휘젓고 다니는 마을 소녀들
사진 3
기웃거리는 순찰 중이던 군인들

동안 유지되는 건축은 주인이 바뀌기도 하고 용도가 달라지기도 한다. 그 변화의 와중에서 건축의 원형이 지속될 가능성은 그리 크지 않다.

건축의 의지가 오래도록 유지되려면 그것에서 영위될 일상의 내용을 정확하게 이해하고 또 그것이 어떻게 진행될 것인지 예측해 두어야 한다. 무스땅의 작업에서 나는 그 해답을 이곳의 전통-과거에서 찾으려고 했다.《오래된 미래》가 보여 주는 모습은 풍토에서 찾아진 그 땅의 지혜일 것이다. 그것을 빌려 만든 내 생각이 이 땅과 사람들에게 어떻게 접수될 것인지 알 수 없으나 그 방향이 옳았다면 오래 살아남을 것이고 그렇지 못했다면 곧 배척되어 사라질 것이다. 돌덩이를 모아 꾸려 놓은 이 공간이 어떤 운명을 맞게 될지 모른 채 나는 그저 내 제안을 이곳에 두고 떠날 준비를 해야 했다.

헬리콥터

새벽에 눈을 떴으나 짙은 구름으로 사방이 뿌옇게 흐려 있었다. 저 아래 뽀카라의 날씨도 좋지 않아 비행기 사정은 바람이 시작되기 전까지 기다려 보아야 알 수 있다고 한다. 비행장까지 가방을 들어 준 뗀바가 돌아간 뒤 행장을 차려 대기하고 있었지만 하산할 비행기는 10시가 가깝도록 올라오지 않았다. 기다리는 동안 양해를 구해 관제탑에 올라가 방송국 쪽을 살펴보았는데 흐린 날씨여서 그림을 만들 수 없었다. 이경섭 씨와 의논한 끝에 헬리콥터를 부르기로 했다. 운임으로 1,500달러를 달라고 했다. 적은 금액이 아니었으나 이참에 항공사진을 찍을 수 있다면 감당할 만하다 생각되어 지갑을 열기로 했다. 이왕이면 경비행기에서 급히 찍었던 마르파도 제대로 된 사진을 다시 만들고 싶었다. 뽀카라의 헬기 담당자는 마침 묵띠나트로 가는 손님이 있어 돌아오는 길에 좀솜에 내릴 테니 기다려 달라고 했다.

한 시간 가까이 기다렸을까 헬기가 활주로에 내렸다. 짐을 싣는 동안 이경섭 씨는 조종사에게 방송국의 위치를 알려 주고 마르파에도 들러 가자고 주문했다. 전명진과 나는 서둘러 망원렌즈를 장착했다. 높은 곳에서 찍

사진 1, 2
비행기가 올라오지 않아
대신 탄 헬리콥터

어야 하니 표준렌즈나 광각렌즈는 사용하지 못할 것이기 때문이었다. 조종석 옆인 앞자리에 전명진을 앉히고 나는 뒷좌석에서 안전벨트를 조였다.

처음 타보는 헬리콥터여서 신기할 것도 많았지만 온 신경은 하늘에서 보게 될 바람을 품은 돌집에 쏠려 있어서 다른 것은 눈에 들어오지 않았다. 드디어 이륙 준비를 마친 헬리콥터가 떠올랐다. 잠시 높이와 방향을 조정하는 듯 공중에서 멈췄던 헬리콥터는 바위언덕을 향해 움직이기 시작했다. 그런데 아뿔싸, 조종사는 헬기를 목표를 향해 고도를 높이지도 않고 곧장 몰아갔다. 건물 위를 스치듯 나는 헬기에서 도대체 그림을 잡을 수 없었다. 전명진도 당황하고 있었다. 예정은 이것이 아니었다. 프로펠러의 굉음 속에서 이경섭 씨에게 다시 한 번 더 돌게 하라고 소리를 질렀다. 이경섭 씨는 헤드폰을 끼고 있는 조종사의 등을 두드려 손을 크게 휘저었다. 조종사는 알았다는 제스처를 하며 강 쪽으로 선회했다. 다시 카메라를 돌려 자세를 고쳐 잡았는데 헬리콥터는 이번에도 폭격하듯이 방송국 언덕으로 곧장 내날았다. 광각렌즈로 바꿀 사이도 없었다. 모든 것은 순식간이었다. 그나마 전명진이 '오케이 사인'을 보내왔기에 한숨을 쉴 수 있었지만 뒷자리의 나는 셔터를 제대로 누르지도 못하고 말았다. 그만하면 되지 않냐는 듯이 조종사는 기수를 돌려 마르파로 방향을 잡았다. 계곡을 나는 것이므로 비행 공간이 넓지 않았지만 마을 전체를 찍으려면 가능한 한 멀리 날아야 했는데 이번에도 조종사는 산을 넘자마자 마을 한가운데를 향해 망설이지 않고 날아 내려갔다. 산 쪽에 앉은 나는 카메라를 들지도 못했다. 그만 어이가 없어 맥이 풀리고 말았다. 결국, 조종사와 우리가 갖고 있는 개념의 차이, 그리고 내 뜻이 상대에게 절로 전해지리라 착각한 소통의 문제였다.

우리는 멀리 위에서 건물과 마을을 내려 보려는 의도였고 조종사에

사진
헬리콥터에서 내려 본
바람을 품은 돌집

게는 목표에 최대한 접근하는 것이 비행의 주제였던 것이다. 기술과 재주를 다해 목표물에 근접하려 했던 조종사를 어찌 탓만 할 수 있겠는가. 상대방의 입장을 헤아리지 않고 내 뜻이 그러니 알아서 해 줄 것이라 믿었던 어리석음을 후회한들 이제는 소용이 없었다. 우리 조종사는 아프리카의 초원에서 훈련된 전문가가 아니었던 것이다. 헬리콥터에서 우리가 원하는 것을 얻으려 했다면 뜨기 전에 목적을 자세히 설명하고 상대가 제대로 이해했는지 확인까지 했어야 했다.

어떤 결과가 만들어졌는지 아랑곳하지 않고 헬리콥터는 깔리 간다끼 계곡을 가르고 구름을 헤치며 날았다. 몇 달 전 힘들게 걸었던 그 길을 하늘에서 보니 감회가 새로웠다. 눈높이로 보았던 그때의 풍경과 높이 날며 보는 풍경이 겹치게 되니 비로소 전체가 보였다. 공간을 경험하는 방법에 따라 시간의 개념이 바뀌고 시야의 범위가 달라지는, 그래서 생각의 방향까지 정리되는 것은 부분과 전체의 관계를 이해하는 방법론의 실증적인 답이었다.

타깔리족의 부락이 강과 산자락에 뿌려지듯 나타나는 풍경을 바라보는 동안 지난 일주일의 잔상이 되감기듯 풀려 나왔다. 내 뜻대로 움직여 주지 않던 사람들, "지금 싣고 있다, 곧 출발한다"며 결국 들어오지 않은 판석, 일의 결과보다 추가 비용 확보에 매달린 시공자 등이 암울한 그림이었다면 이것저것 가리지 않고 흥겹게 일하던 무스땅의 아낙들, 어미 따라와 놀던 천진난만한 아이들, 그중에서도 유난히 영롱했던 귀먹은 아이의 눈동자, 호기심 가득한 마을의 소년과 소녀들 그리고 엄지를 치켜세우던 군인들, 그럴듯한 솜씨로 끓인 뗀바의 김치찌개와 매운탕들은 오랫동안 기억에 남을 장면이었다.

무릇 건물을 만드는 일에는 각각 입장이 다른 다양한 의도가 모여

뒤섞이게 마련이다. 그것들이 질서를 이루면 성공한 결과를 만들고 그렇지 못하면 실패를 부른다. 건축이 제대로 구현되려면 건축주와 시공자뿐만 아니라 현장의 기능공들, 심지어는 잡부들에게까지 한마음이 이루어져야 한다. 말도 통하지 않고 관습조차 다른 해발 3,000미터의 고원에서 일 년 동안 치룬 일의 결말이 어떤 결실을 맺었는지 지금은 판단을 내릴 수 없었다. 계곡의 구름 속을 날고 있는 헬리콥터처럼 나는 아직 앞뒤가 보이지 않는 몽환 속을 더듬고 있는 것 같기 때문이다.

한동안 계곡을 따라 내려가던 헬기는 이윽고 뽀카라로 향하는 직선 코스로 기수를 돌렸다. 구름을 잔뜩 이고 있는 산악 쪽이어서 불안했는데 조종사는 익숙한 길을 걷듯이 구름을 헤쳐 나갔다. 눈앞에 느닷없이 나타나는 검은 산 그림자를 몇 지나고 나서 헬리콥터가 한 바퀴 크게 선회하며 고도를 높여 능선을 넘자 산 아래로 뽀카라의 전경이 환하게 나타났다. 드디어 하산에 성공한 것이다.

어제 내려와 하루를 푹 쉰 듯 말끔해진 준영 군이 마중 나와 짐을 받았다. 현장의 수습도 팽개친 채 헬기에 끼어 탔던 현지 시공자 자하는 제대로 인사도 하지 않고 총총히 사라져 버렸다. 추가 비용을 인정받지 못했으니 무척이나 억한 심사였을 것이다. 따져 보면 우리는 원도급자인 삼부와의 관계만 있을 뿐 하도급자인 그를 상대해야 할 이유가 없었다. 카트만두로 넘어갈 비행기 출발을 대합실에서 기다리는 동안 처음으로 전명진에게 사진을 보자고 했다. 다른 것은 몰라도 거금이 들어간 헬리콥터에서 찍은 항공사진의 결과가 못내 궁금했기 때문이다. 헬기의 앞자리에 앉았던 전명진의 카메라 모니터에서 그림이 되는 사진 몇 장을 찾았다. 다행이었다. 내 카메라에는 이쪽저쪽 잘린 것을 지우고 나니 겨우 한 장이 남았다.

　　카트만두로 가는 비행기가 동쪽으로 나는 동안 멀리 보이는 히말라야 연봉너머로 시선이 묶이는 것을 어쩔 수 없었다. 인지상정이란 이런 경우를 두고 쓰는 말일 것이다. 그동안 산속의 작은 집 하나를 지으며 네팔을 만나고 무스땅을 알게 되었다. 역사를 공부하고 자연을 이해하며 그 땅과 그 사람들을 만났다. 익숙한 우리의 현재와 관계없이 그곳의 지금은 그곳만의 궤도를 그리고 있다. 서로의 시간은 앞서 있거나 뒤처져 있는 순서의 차원이 아니었다. 그래야만 하는 이유는 선입관을 풀어 버리면 쉽사리 이해할 수 있는 것이다. 언어가 다르고 관습이 달라서 일어나는 시행착오는 상대의 입장으로 나를 옮기면 해결되는 것이다. 옳고 그름의 문제가 아니라 차이의 문제이고 다양한 세계를 바라보는 시야의 문제다.

　　프로펠러기가 땅에 닿았다. 카트만두는 여전히 번잡하다. 처음 오갈 때는 도시의 문명이 반가웠으나 그간의 왕래가 끝나는 지금의 뇌리에 사

무치고 있는 것은 고원의 자연이다. 사막처럼 황량한 땅의 풍경과 휘몰 듯 불어오는 바람과 질펀하게 퍼져 있는 자갈밭을 흐르던 검은 물과 여명을 밝히며 쏟아지듯 내려오던 햇빛과 그 빛을 받아 눈부시도록 찬란하던 하얀 봉우리와 어둠을 희롱하듯 높은 하늘을 채우던 영롱한 별들을 어찌 간직해야 할지 알 수가 없다.

  납작이 엎드려 땅에 붙은 듯 자리 잡은 풀과 나무 그리고 그것을 닮은 돌집들, 그 속을 채우고 있는 일상의 풍경들, 지팡이와 봇짐 하나로 고행을 마다않는 순례자들, 보리밭을 가득 채우던 아낙들의 수다, 그녀들을 부럽게 바라보던 이방의 여행자들, 그래서 그 모두를 보듬어 안고 있는 종교의 공간과 상징들….

  하지만 이제는 끊어지지 않는 상념을 그만 멈추자고 나를 타일렀다. 자연과 인간이 어울려 만드는 길고 큰 이야기에 짧고 작은 내 이야기 하나를 더 보태었다고 무엇이 달라졌을까 라는 생각이 들어서였다.

공항을 나와 편한 승용차에 타고 편하게 포장된 길에 오르자 한동안 잊고 있던 감각이 되살아났다. 그리고 이때를 기다렸다는 듯이 피로가 한꺼번에 몰려왔다. 이경섭 씨가 이것저것 저녁의 스케줄을 물어 왔지만 우선 쉬어야 했다. 준영 군에게 체크리스트를 정리해서 이경섭 씨에게 설명하라고 지시하고 몸을 누일 방으로 들었다. 그렇게 긴 작업의 한 과정이 끝나고 있었다. 뜨거운 물에 몸을 푸는 동안 일의 시작과 마감을 정리해 보려 했지만 긴장이 풀린 의식으로는 쓸데없는 짓이었다. 할 수 있는 것은 깊은 잠을 청하는 것뿐…

귀환

어제 저녁 호텔에 이웃한 옥류관에서 두견주를 평소의 주량 이상으로 마셨는데도 고원에서의 습관처럼 일찍 눈이 떠졌다. 오후에 탑승해야 하는 출국시간에 맞추려면 우선 준영 군의 비자 문제를 해결해야 했으므로 이경섭 씨는 서둘러 이민국부터 들러야 했다. 무스땅에 방송국을 세우는 공공사업 운운하는 이야기는 아무 소용이 없으니 그저 여행 중에 병을 얻어 출국이 늦었다고 이유를 대는 것이 좋다고 했다. 금방 돌아올 것이라던 두 사람은 공항으로 나갈 시간이 임박했는데도 나타나지 않았다. 네팔은 마지막까지 우리를 안절부절 하도록 놓아 주지 않았다. 준영 군의 짐까지 모두 내려 놓고 기다리다 할 수 없이 공항에서 합류할 작정으로 택시를 부르기로 했을 때에야 준영 군이 허겁지겁 나타났다. 피부에 난 부스럼을 보여 주고 불법체류의 혐의는 벗었지만 이민국의 사무관들이 능장 부리는 바람에 어쩔 수 없었다고 했다. 만만치 않은 카트만두의 교통 체증을 뚫고 겨우 시간에 맞추어 공항에 도착했다. 이경섭 씨는 송출탑 문제를 해결하는 동안 방송국의 체크리스트 사항들을 정리하겠노라며 작별인사를 했다.

　　토요일 새벽의 서울은 여전히 더위를 먹고 있었다. 낯선 공간에서 익숙한 공간으로 돌아오니 그동안 시간 여행을 다녀온 느낌이다. 마침 주말이어서 이틀을 쉴 수 있었지만 쉬는 내내 시간의 순서가 뒤바뀌거나 뒤섞이는 모호한 감각이 쉽게 지워지지 않았다. 월요일부터 다시 바빠져야 했다. 우선 사무실의 일주일 공백을 서둘러 메우고 MBC와 일정을 잡았다. 화요일 오전 아르키움으로 찾아온 MBC의 담당자들에게 작업 결과를 보고하고 앞으로의 일정을 의논하는 자리를 가졌다. 설계자 임무를 마쳤다는 것과 추후의 공정은 현지의 삼부가 수행할 것이니 별개의 프로젝트인 송출탑과 함께 MBC가 결과를 확인하는 것과 같은 남은 작업을 당부했다.

　　방송국 개국과 그에 따르는 행사를 치르는 일은 예측하기에 9월 하순 경이면 가능할 것이니 정확한 일정은 현지의 진행 상황을 보아 결정하기로 했다. 9월 말이면 몬순이 끝나고 건기에 접어들게 되므로 기후 조건도 좋아질 것이어서 행사를 치루기에 적당한 시기였다. 광역방송을 위한 송출탑이 아직 완성되지 않았으나 이미 RITDC가 기존에 운영하고 있던 지역방송을 새로운 방송국 건물로 옮겨서 새로운 장비로 방송하기 시작했으므로 개국식 등의 행사는 우리의 일과 관계가 없는 형식일 뿐이었다.

궁금한 것은 다큐멘터리의 제작이었다. 물론 MBC의 제작진이 알아서 할 일이겠지만 건축에 관한 부분은 아무래도 미덥지 않았다. 더구나 마지막 정리되는 과정의 촬영이 빠져 있어 어떻게 전개되고 소개될 것이지 알 수 없었다. 다큐멘터리의 시놉시스를 알려 주고 필요하다면 작가와 의논하는 기회를 달라고 부탁했다. 처음 이 일을 재능 기부로 시작하며 제시했던 조건도 건축에 관한 일반의 이해를 제고하자는 것이었기에 소홀히 할 수 없는 일이었다. 의논이 끝날 무렵 마지막으로 한 가지 부탁을 더 했다.

현장에서 만난 듣지 못하는 아이 아싸Assa의 귀를 열어 주자고 했다. 나 혼자로는 어려운 일이지만 MBC라면 가능한 일이 아니겠는가 했다. 국장과 부장은 이구동성으로 기다렸다는 듯이 좋다고 했다. 소리를 전하는 방송이니 농아의 귀를 열어 소리를 듣게 하는 것 또한 의미 있는 콘텐츠가 될 것이라며 반겼다. 곧 현지에 선을 넣어 수배하겠다는 대답을 듣고 나니 막혔던 가슴이 뚫려 나가듯 시원해졌다. 그러고 보니 며칠을 쉬었는데도 좀처럼 풀리지 않던 피로의 원인이 무스땅의 아이 아싸였던 것이다.

약속한대로 금요일 오후 전명진이 사진을 한가득 외장하드에 담아 왔다. 전문가의 작업을 기다리는 동안 내가 찍은 사진들을 정리하느라 고생하고 있었는데 이제 그 결과를 보게 되었으니 반가웠다. 사무실 식구들을 전부 모이라하고 모니터에 데이터를 연결했다. 모두들 궁금해 하던 장

231

2013/09/25 조준영 군이 준공 마무리를 하기 위해
          현지로 출발

면을 보며 사진을 스크롤 해 넘기던 중 한 장면에서 "아!" 하는 감탄사가 터졌다. 며칠 전 페이스 북에 전명진이 아래의 글과 함께 올렸던 바로 그 사진이었다.

"한 대상을 이토록 간절히 담아 본 적이 그전에는 없었습니다. 아니 한 장소, 한 도시도 이렇게까지 집요하게 담은 적은 없었지요. 애인이라도 이러지는 않았을 겁니다. 극심한 우기와 공사 지연으로 가기 전의 과정부터 도착하는 그 순간까지 긴장의 연속이었습니다. 어렵사리 도착했지만 현장 상황과 날씨가 도와주지 않아 이틀을 그저 기다렸습니다. 산머리 가득 흐르는 구름에 하늘이 야속하기도, 원망스럽기도 했지요. 거짓말처럼 투명한 하늘에 닐기리 봉의 설경이 빨갛게 물든 아침, 그저 말없이 3시간동안 그 장면을 지켜보며 눈물이 날 듯 감사하고, 신의 솜씨에 다시 한 번 감복했습니다. 해가 비추다 말다를 반복한 3일 동안의 빛. 그중 잠시만 허락되었던 청명한 밤하늘. 신께 감사할 밖에 다른 도리가 없지요. 이것이 정성과 열성이 담아 낸 한 장입니다."

작가가 3,000장에서 뽑아온 사진 중에서 다시 《공간》에 게재할 그림들을 추렸다. 한정된 페이지에 담으려면 모두를 보낼 수 없는 일이나 현장의 느낌을 제대로 옮길 수 있을지 걱정되어서 편집에서 걸러질 것으로 기대하고 사진의 수를 넉넉히 골랐다. 내가 찍은 사진 1,000장도 아직 정리하지 못하고 있었는데 우선 나를 도와 이번 일을 일구어 준 사람들의 얼굴부터 고르기로 했다. 그들의 얼굴과 이름을 하나하나 찾는 것으로 감사를 대신하고 기억으로 담아 두는 것이 예의일 것이라 생각하고 목록을 만들기 시작했다.

2013/09/27   주차장 정리

개국식

책 만들 글을 정리하고 사진을 고르며 일상적인 일을 하고 있는 동안 현지에서는 별 움직임이 없었다. 안나푸르나 전역으로 방송을 내보낼 송출탑의 건설이 지지부진이었기 때문이다. 산악의 지형 조건이 험난해 철탑의 제작과 운반, 설치 등 난관이 수두룩했는데 선뜻 일을 맡겠다는 사람이 없어 그곳에서 작업할 인원을 수배하는 것이 더욱 큰 문제였다. 결국 MBC는 광역방송을 2차 사업으로 넘기고 우선 현지의 지역방송으로 개국 행사를 갖기로 결정했다. 10월 4일 개국식에 참석하려면 또 한 번의 여행을 떠나야 했다.

처음 계획은 나와 준영 군이 참석하는 것이었으나 사무실의 식구들이 같이 가겠다고 따라나서서 일이 커지게 되었다. 이번이 마지막 기회가 될 텐데 각자 비용을 보태겠으니 동행을 허락해 달라는 부탁을 거절할 수 없었다. 캄보디아에 나가 있는 성미 군까지 합치면 모두 아홉이 되는 단체가 된 셈이다. 이참에 그동안 망설이고 있었던 열한 살 아들 도후까지 합류시키기로 했다. 9월 30일 월요일에 떠나 10월 7일에 돌아오는 일주일간 아르키움의 문을 닫는 것은 큰 문제가 아니었으나 성수기여서 항공편의 예약이 문제였다. 준영 군은 MBC의 담당자와 함께 미리 떠났으므로 문제가 없었으나 태국을 경유하는 직원들과 직항을 타는 나와 도후는 따로 떠나 카트만두에서 합류하는 일정이 되었다. 캄보디아에서 출발하는 성미 군은 방콕에서 직원들과 만나게 되었기에 그나마 다행이었다.

우기가 끝난 10월인데도 카트만두의 하늘은 구름을 잔뜩 이고 있었다. 앞서거니 뒤서거니하며 국제선 대합실에서 만나 국내선으로 옮겼는데 뽀카라까지의 이동 역시 항공편이 달라 따로 움직여야 했다. 예상대로라면 히말라야를 오른 쪽으로 보며 나는 근사한 비행이어서 초행인 일행들이 기억에 남을 풍경을 보게 되리라 기대했지만 산맥은 짙은 구름 뒤로

숨어 나타나지 않았다. MBC 팀들과 우리 일행은 차례로 뽀카라에 도착해 숙소에 들어서 짐을 풀었다.

세계를 여행하다가 뽀카라가 마음에 들어 정착했다는 우리나라의 뮤지션 부부가 운영하는 식당에서 염소고기 수육과 삼겹살로 저녁을 먹고 거리와 상가를 기웃거렸지만 흐린 날씨가 여전히 풀리지 않고 있어서 내일의 일정이 불안했다. 맑은 날이었으면 눈에 가득하게 보였을 마차푸츠레의 위용도 만날 수 없었으니 페와 호수의 뱃놀이로 네팔에서의 첫 날을 보내야 했다.

다음날 새벽 여전히 하늘은 흐렸지만 경비행기가 뜬다는 소식에 서둘러 비행장으로 나갔는데 도후와 직원들은 다음 비행기여서 MBC의 임원들과 나는 손을 흔들며 곧 좀솜에서 만나자며 첫 비행기에 올랐다. 그러나 구름 속을 헤집듯이 나는 비행을 마치고 좀솜에 무사히 내렸는데 아무

2013/09/30   개국식 참석 위해
아르키움 식구들과 좀솜 도착

사진
깔리 간다끼 계곡

리 기다려도 뒤따라 왔어야 하는 일행은 나타나지 않았다. 우리의 탑승 이후로 비행기가 뜨지 않았기 때문이다. 뒤 팀은 결국 깔리 간다끼 강을 거슬러 오르는 육로를 타고 11시간을 흔들린 끝에 자정이 가까워서야 잔뜩 지친 모습으로 나타났다.

졸지에 이산가족이 되어 안나푸르나는 보지도 못하고 험한 길을 올라 왔지만 모두들 깔리 간다끼 계곡의 멋진 풍광에 즐거웠다고 하니 그나마 다행이었다. 일행을 기다리는 동안 낮에 올라가 본 현장은 개국식을 준비하느라 바쁘게 움직이고 있었다. 삼부의 이경섭 씨도 미리 올라와 인부들을 독려하고 있었는데 돌집은 두 달 전의 모습 그대로 묵묵히 자리를 지키고 있었다. 다행히 날씨가 맑아져 집안 가득히 햇살이 떨어지고 있었으므로 지난번 사진 작업에서 미흡했던 상세 부분의 장면들을 골라 담은 뒤 숙소로 내려와 초조하게 일행을 기다려야 했다.

직원들이 로지의 방을 배정받아 짐을 정리하는 동안 준영 군과 현지에서의 일정을 짜보았는데 방송국의 작업은 콘크리트로 만든 MBC의 로고를 벽 위에 세우는 일만 남았으므로 4일의 개국식까지 이틀 동안 마르파와 까그베니를 돌아보기로 했다. 그들에게 방송국의 현장도 중요하지만 무스땅의 자연과 전통을 이루고 있는 삶의 현장을 살피는 것 또한 빠트릴 수 없는 일이었다. 이경섭 씨에게는 바람으로 풀어진 룽따를 새것으로 바꾸어 달라 하고 이왕이면 안테나 기둥에 따르초끄도 걸도록 부탁했다. 개국식이 축제의 분위기가 되려면 아무래도 원색의 깃발이 더 필요해 보였기 때문이다.

다음날 아침에도 날씨는 여전히 흐려 닐기리봉조차 보이지 않아 직원들이 섭섭해 했으나 또 내일을 기대하기로 하고 꿀 바하두르 회장의 안내로 마르파에서 곰빠와 주택을 돌아보았다. 내게는 네 번째 방문이었으므로 새로운 것은 없었으나 골목을 다시 더듬고 집들 사이의 고샅까지 기웃거리며 미처 눈에 담지 못한 것이 없는지 챙기는 시간이 되었다. 도후는 모든 것이 신기한지 통나무 계단을 오르내리며 분주하게 돌아다녔다. 반나절 동안 마을을 본 뒤 골목에 자리한 식당에서 점심식사를 하고 방송국 현장으로 돌아왔다.

현장으로 돌아와 준영 군이 점검한 사항들을 확인하고 조정하는 동안 직원들은 나름으로 곳곳을 살피고 먼 산에까지 올라가 사진을 찍는 등 부지런히 움직이고 있었다. 그동안 그림과 이야기로만 상상했던 대상을 실물로 확인하는 것이어서 이들은 작업을 같이한 동료이기도 했지만 한편으로는 솔직한 비판과 비평을 할 수 있는 입장이기도 했다. 마치 채점을 기다리는 학생처럼 긴장되기도 했으나 모두들 즐겁게 공감하는 표정이어서 마음을 내려놓았다. 결국 평가는 공감의 성립에 좌우되기 마련이다. 비록 한 식구여서 객관적이지 못할 수는 있겠지만 허심탄회한 소회를 들을 수도 있다. 도후는 현장의 꼬마들과 장난치며 어울리고 있었다.

다음날은 까그베니로 가는 순서였다. 준영 군을 비롯해 현장의 모두는 개국식 준비로 바빴으므로 기숙학교에 다니다 틈이 나 집에 온 숙소 주인의 따님에게 에스코트를 부탁했다. 은둔의 왕국으로 들어가는 마을은 그리 멀지 않아서 40여 분을 흔들리면 갈 수 있는 곳이다. 마침 종교행사가 있어서인지 전과 달리 조용하던 마을은 부산스러웠다. 다행히 깔리간다끼 강가에서 행사를 치루고 있었으므로 곰빠와 마을은 다름없이 일상의 풍경을 보여 주고 있었다. 욕심대로라면 여럿을 동원해 곰빠를 실측하고 싶었으나 시간이 넉넉하지 않았다. 대신 나중에라도 그릴 수 있게 자세히 촬영이라도 하도록 일렀다.

첫인상 때문이지 모르나 마을의 흙집들은 전보다 더 쇠락해 보였

2013/10/02   아르키움 식구들 마르파 답사

사진
까끄베니 전경

다. 골목을 돌아 집안을 기웃거리기도 하며 걷는 동안 귀신 먹는 수문장 께니가 나타났다. 도후에게 내력을 설명해 주고 지난번 보지 못했던 거대한 유두를 가진 여성 께니를 찾아보기로 했다. 경전을 새긴 석판 한 조각을 집어 들고 남문이 있음직한 곳으로 걸음을 옮겼으나 '거대한 유두'는 보이지 않았다. 에스코트 소녀를 시켜 주민에게 알아보니 오래전에 허물어져 이제는 없다고 했다. 더 이상 귀신을 두려워하지 않게 되어서인지 모르지만 못내 아쉬웠다. 로지를 새로 짓는 것보다 암수 께니를 다시 갖추는 것이 이 마을의 재산이 될 터인데 이들은 탐방객의 주머니에 더 기대를 하고 있었다.

2013/10/03 아르키움 식구들 까끄베니 답사

씁쓸한 마음에 발길을 돌려 게이트 쪼르텐을 찾았다. 직원들에게 귀신을 떨어뜨리는 문이라 설명하고 지난번에 그냥 지나친 내부의 사진을 담았다. 모두들 오리걸음을 걷거나 구부정하게 들어가 보는 사이로 도후는 림보 자세로 드나들고 있다. 한걸음 먼저 와본 것으로 아는 척을 하자니 이런저런 질문에 밑천이 금방 바닥난다. 어정쩡하게 꾸물대기보다 빨리 돌아가자며 마을을 빠져나왔다. 지난번 고생과 달리 편히 차를 타고 왔으나 덜컹거리는 길에서 차의 바닥이 내려앉는 바람에 다른 차를 갈아타야 했다. 몇 구비를 돌았을까 멀리 화려하게 룽따와 따르초77가 펄럭이는 바람을 품은 돌집이 오후의 햇살을 가득 받으며 나타났다. 모르긴 해도 이제

20131004 Kagbeni

부터 안나푸르나의 트롱 라를 넘어 오는 트레커와 묵따나트를 오가는 순
례자들은 새로운 이정표를 이런 장면으로 만나게 될지 않을까.

현장은 콘크리트로 만든 MBC의 로고를 세우느라 분주했다. 진입로
의 벽 위에 세우려면 들어올리기도 수월찮을 뿐만 아니라 세 글자의 간격
을 맞추고 수직과 수평을 잡는 일도 난제였다. 끙끙대며 애쓰는 준영 군을
보다가 현장에 쓰다 남은 설화석고가 있는지 찾았다. 처음 계획은 시멘트
의 색깔 그대로 둘 작정이었으나 내일의 개국식까지 마르지 않을 듯했고
돌벽의 색깔에 묻혀 버릴 것이 분명했기 때문이다. 캠핑장의 로고까지 얹
고 희게 칠하고 나니 내일의 준비가 끝났다.

개국식이 열리는 아침부터 잔뜩 찌푸린 하늘은 비까지 뿌리기 시작했다. 맑은 날씨였으면 더 좋았겠지만 비에 젖은 돌집의 분위기도 그리 나쁘지 않아서 기분을 추슬렀다. 마을의 유지들과 주민이 참석한 자리에서 MBC와 우리는 예정된 행사를 시작했다. 입구에서 테이프를 자르고 공개홀에서 인사와 축사를 나누었고 주민들은 춤으로 개국을 축하했다. 식순에 따라 마련된 건축을 설명하는 자리에 서서 나는 방송국을 설계한 의도를 간단히 설명하고 공사에 참여했던 모든 이들에게 감사의 뜻을 전했다.

소회를 밝히는 대목에서 아들 도후를 일어나라 해서 주민들에게 인사시키고 도후가 내 아들이듯이 이 집도 내 아들이라고 했다. 도후가 몸으로 만든 자식이라면 바람을 품은 돌집은 마음으로 만든 자식이니 아이를 두고 떠나는 아비의 마음이어서 애타는 마음을 감출 수 없으며 이 아이가 어찌 자리 잡고 제 몫을 할지는 여러분의 처분에 달렸기에 부디 잘 거두어달라고 부탁했다.

이어서 아싸 모녀를 세우고 힘들지만 KOICA와 MBC가 노력하고 있으니 기다리면 좋은 소식이 있을 것이라 알렸다. 네팔의 의료 수준이 인공와우의 적응훈련까지 할 수 없는 형편이어서 아싸의 귀를 열어 주는 일이 난관에 봉착했는데 따로 가능한 방법이 없는지 찾아보는 중이었다.

아비가 떠나더라도 어미가 되어 잘 돌보겠다는 꿈 바하두르 회장의 답사와 기념패를 받고 현판의 휘장을 벗기는 것으로 행사가 끝났다. 현지의 풍습에 따라 현장의 모두가 돌 벽에 이름을 써 넣느라 어수선한 속에서 지난 일 년 반의 시간이 정리되고 있었다. 다들 각자의 입장에 따라 감회가 다르겠지만 여러 의지가 하나로 뭉쳐져 만들어진 결과가 건축이라는 것과 그것의 처음과 끝에 나의 생각이 들어 있다는 것이 그간의 고행이 이룬 결과일 것이다.

2013/10/04   개국식

아르키움
답사

마을로 자리를 옮겨 한낮의 만찬을 함께하는 동안 모두 즐겁게 그간의 이야기들을 나누었으나 한편으로는 다음의 일정을 생각해야 했다. 날씨는 여전히 흐렸다 갰다를 반복하고 있어서 내일의 날씨를 좀처럼 짐작할 수 없었다. 하늘의 뜻에 맡기고 무작정 기다리기에는 불안했으므로 육로로 이동하기로 하고 차량을 수배하도록 했다. 다행히 11인승 랜드로버가 있어서 다음날 새벽의 경비행기를 포기하고 직원들과 함께 짐을 실었다.

직원들과 도후는 이미 한번 경험했던 길이어서 새삼스럽지 않겠지만 걸어서 내려갔던 내게는 사뭇 편안한 여행이었다. 다만 경비행기의 경험과 하늘에서 안나푸르나와 다울라기리를 보는 장관을 보여 주지 못하는 것이 아쉬웠는데 카트만두에서의 일정을 제대로 소화하려면 여유를 부릴 형편이 아니었다. 안나푸르나 보호지역의 경계인 가사Ghasa의 체크포스트를 지나 따또빠니에 이르렀을 때쯤 해가 졌고 뽀카라에 도착하니 자정 무렵이었다. 뒤 늦게 출발한 MBC팀은 따또빠니에서 묵기로 했다고 알려왔다.

이튿날 오후에 잡혀 있는 카트만두 행 예약이 당겨지지 않아서 생긴 여유 시간에 네팔의 전통 건축 네와르 건물을 찾아보기로 했다. 마침 이곳은 명절이어서 집집마다 꽃을 담은 바구니와 항아리를 거리에 내어 놓아 축제의 분위기가 가득했다. 두 곳의 건축을 찾아 집 주인에게 허락을 받고 지붕 속 공간까지 살펴보았는데 한 집의 딸아이가 돈을 받겠다고 해서 웃음이 나왔다. 몇 달 사이에 집을 구경하겠다는 관광객이 자주 찾아 왔으니 그럴 법한 일이 된 셈이다. 그 처녀는 내가 세 번이나 손님을 끌고 온 장본인이라는 것을 몰랐을 것이다.

오후가 되어 카트만두 행 프로펠러기에 올랐는데 왼편의 히말라야는 여전히 구름에 감겨 보이지 않았다. 이번 여정에는 행운이 따르지 않고 있었다. 우리는 공항에서 시가지와 반대 쪽인 박따뿌르로 향했다. 늦은 시

간이기도 했으므로 이번에는 박따뿌르에서 저녁을 보내며 느긋하게 둘러
보리라 마음먹었다. 건축과 도시를 답사할 때 항상 아쉬운 것은 한정된 시
간의 제약이다. 건축과 도시는 한때의 관찰만으로 결코 파악되지 않는다.
시간에 따라 다른 표정을 만들고 계절과 함께 분위기가 변하는, 더구나 인
간의 삶이 작동하는 공간을 순간의 느낌으로 규정짓는 일은 코끼리의 발
가락만 보는 것과 같다.

박따뿌르에 도착해서 왕궁을 함께 본 뒤 일행에게 흩어져서 자유롭
게 다닌 뒤 냐따뽈라 사원 앞의 카페에 6시까지 모이도록 하고 준영 군에
게 자리를 예약하라 일렀다. 나는 도후와 함께 골목을 걷고 사원을 기웃거

리며 네팔의 역사와 이곳 사람들의 이야기를 들려 주었다. 11살의 소년이 이 중세의 분위기를 어찌 받아들일지 알 수 없었으나 언젠가 자기의 일을 하게 되었을 때 한번쯤은 되살려 볼 수 있지 않을까 하는 기대를 하며 땅거미가 짙어지는 길을 함께 걸었다.

냐따뽈라 카페에 모인 우리는 광장을 오가는 사람들을 바라보며 한가하게 접시를 비우고 찌아를 음미했다. 어둠을 배경으로 드러나는 박따뿌르의 실루엣은 아름다웠고 명절놀이인 듯 소리통을 두드리며 무리지어 행진하는 청년들의 모습은 활기로 넘쳤다. 그렇게 도시의 공간은 살아 움직이고 있었는데 그 이상 역사가 만든 장소의 힘이 무엇인지 보여 주는 생생한 장면이 따로 없었다. 아쉬움을 남긴 채 어두운 성채를 빠져나와 타멜 거리의 호텔에 도착하니 이미 밤이 깊어 있었다.

다음날 아침 아열대의 날씨에 맞춘 가벼운 차림으로 호텔을 나선 우리는 우선 스와얌부나트 사원을 찾아 카트만두 분지의 내력을 관망하고 다음으로는 카트만두의 왕궁과 사원들을 차례로 살폈는데 마침 네팔 KOICA에서 우리와 MBC 팀을 점심식사에 초대했기에 무스땅의 면면이 모두 다시 모이는 자리가 되었다. 한 번 더 서로의 수고를 격려하고 방송국의 운영 등 앞으로의 계획을 의논하는 식사를 마치고 왕실의 옛 마구간을 개조했다는 식당을 살펴보고 있는데 기념품 가게에 진열된 조각 하나가 눈에 띄었다.

좌대에는 파키스탄 박물관의 간다라 부처상이라 쓰여 있었다. 여행을 할 때마다 의미 있는 기념품을 챙기던 버릇이 비켜갈 수 없을 만큼 검은 돌에 새겨진 간다라 풍의 부처는 그동안 수집한 전리품들의 사이를 메우기에 적격이었다. 아테네에서 들고 온 건강의 여신 이테아Ytea와 캄보디아에서 찾아낸 크메르 불상의 양식적인 연결을 검은 돌의 간다라 조각이

이어 줄 것이기 때문이다. 비록 모사품이겠지만 거금 100달러가 아깝지 않았다. 다만 13킬로그램의 무게가 문제였는데 어찌되었던 해결하기로 하고 포장을 부탁했다.

늦은 오후 시간은 빠딴의 왕궁과 사원으로 채워졌다. 저녁은 드와리까 호텔의 공연과 만찬을 예약해 두었으므로 모두 가이드북을 들고 알아서 찾아보라하고 왕궁의 후원에 자리한 카페에 앉았는데 일주일을 비운 서울의 일들이 걱정되기 시작했다. 여행의 말미가 되면 항상 되살아나는 고질병이어서 이제는 얼마큼 면역이 되었을 법한데 예외는 없었다. 비웠던 만큼 시간을 다잡아 해결하는 방법뿐이라는 것을 알면서도 켕기는 마음은 어쩔 수 없으니 알다가도 모를 일이 언제나 같았다.

드와리까 호텔에 도착해 건축의 내력과 건축가의 생각을 알려 준 뒤 일행이 객실을 살펴 볼 수 있게 지배인에게 부탁하고 정원에 자리를 잡왔다. 네와르 무용의 몇 장면을 감상하는 단촐한 공연을 본 뒤 식당으로 자리를 옮겨 이제까지의 달과 격이 다른 정통 네팔 요리로 네팔의 문화를 감상하는 시간을 가졌다. 오지의 음식과 도회의 음식이 다르고 평민의 요리와 궁중의 요리가 다른 것은 상식이겠지만 인식의 편차를 줄이려면 둘 다 경험하는 것이 필요하겠기에 비싼 값을 치루더라도 빠뜨리지 말아야 할 코스였다.

7박 8일의 짧은 여정이었으나 고도 800미터와 3,000미터를 오르내리며 고원의 사막과 검은 강이 흐르는 깊은 계곡 그리고 힌두교와 불교가 어우러진 역사와 문화를 한 번에 경험했으니 모두 감각이 피곤할 터인데 맛있는 요리로 즐거운 시간이 되었다. 더구나 그저 한 여행이 아니라 우리가 만든 작업의 현장을 찾는 여정이었으므로 그 감상의 밀도는 남달랐을 것이다. 그렇게 네팔에서의 마지막 밤을 보냈다.

귀국편이 오후에 이륙하므로 오전의 잠깐을 타멜거리의 가게들을

사진
빠딴의 카페

기웃거리며 보냈다. 도후는 학급의 친구들에게 전할 기념품을 골랐고 직원들도 이것저것 간단한 물건들을 집었다. 무엇인가 기억의 증표를 만드는 것은 그것으로 경험을 지속시키려는 것일 터이니 말릴 일이 아니어서 충분히 시간을 갖게 하고 건축가 드와리까가 작업한 정원인 'Garden of Dream'을 본 다음 공항으로 출발했다. 마지막 답사지인 힌두교의 성지 빠슈빠띠나트 사원을 볼 시간이 충분할지 걱정했는데 도로가 복잡하지 않아 다행이었다.

직원들 중 몇은 2005년 인도 답사 때 바리나시를 본 경험이 있어서 바그마티 강에 면해 있는 화장장의 풍경이 낯설지 않았을 것이다. 사원을 마주한 언덕에서 이곳 사람들의 생을 마감하는 장면을 보는 것으로 아르키움 답사의 일정을 모두 마쳤다. 공항은 여전히 분주했고 출국 수속 역시 지루했으나 과제를 마친 학생처럼 홀가분한 마음이어서인지 기다리는 일도 그리 불편하지 않았다. 어쩌면 네팔의 느린 시간에 익숙해진 것인지도 모를 일이었다.

마지막일지도 모르는 이번 여행에서 남은 숙제는 최고봉 에베레스트를 한 번 더 만나는 것이었다. 부러 왼쪽 창가의 좌석을 부탁하고 망원렌즈까지 들고 기내에 올랐으나 이륙 후 한참이 지나도록 구름만 가득할 뿐 처음 보았을 때의 감동을 다시 만나지 못했다. 에베레스트와 조우하는 행운은 한 번으로 그쳐야 하는 것이 순리였던 모양이다. 눈을 감으면 그때의 감격을 되살릴 수 있을 것 같아 의자를 눕히고 편안히 히말라야의 꿈을 부르기로 했다.

히말라야

Glass wall.

section

공간空間에서 공간共間으로

마무리

그렇게 히말라야를 닮으려 했던 바람을 품은 돌집은 마무리되었다. 일 년 동안 오지를 오가며 아무런 규제가 없는 자연을 배경으로 삼아 네팔의 고원에 만든 바람을 품은 돌집 히말레스크는 현지의 풍토 조건을 과제로 받아 새로운 해답을 찾고자 했다.

그곳의 전통 건축은 고원의 조건을 한 묶음으로 해결하기 위해 두꺼운 외피로 공간을 구축하고 있다. 내가 착안한 것은 경계인 벽의 두께를 해체하는 것이다. 웅크리듯 외부와 단절된 폐쇄적인 공간의 벽을 각각 다른 기능으로 나누었다. 하나인 벽을, 바람을 막는 돌의 벽과 실내를 거두는 유리의 벽으로 나누면 그 안에 '사이'를 만들 수 있다. '사이'는 바람을 품은 돌집의 주제였다. 그것은 건기와 우기에 따라 방향이 바뀌는 강풍을 맞받아야 하는 대지의 조건과 극심한 일교차를 갖는 기후임에도 난방장치 없이 공간을 유지해야 하는 환경의 조건을 그 땅의 재료에 오늘의 방법을 더해 재구성하기 위한 방법론이다. 분리된 벽 사이의 작은 뜰은 바람을 눅이고 빛을 가득 들여서 가두어질 수밖에 없는 공간을 열고 그로부터 자연과 인간의 관계를 만드는 '사이'가 된다.

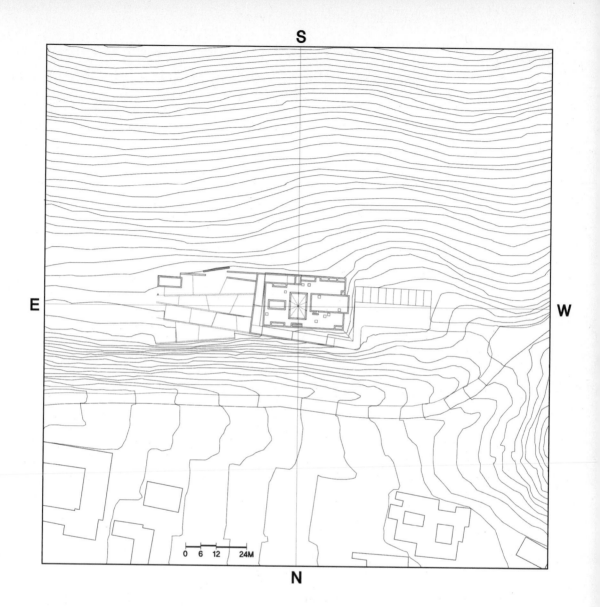

S

E   W

N

0   6   12   24M

사이

1780년 6월 연경으로 떠나던 연암 박지원은 압록강 국경을 건너며 "길은 저 강과 언덕의 경계에 있다."라고 일기에 썼다. 또 경계를 이루는 '사이'는 사물이 만나는 피차의 중간이어서 양변을 잇는 관계 맺기에 따라 도道의 이치를 생성할 수 있다고 보았다. 그리고 '사이'란 서로 붙지도 떨어지지도 않은 '즈음'이라 정의한다. 연암은 '사이'를 그저 그어져 있는 것이 아니라 사이를 이루는 관계에 의미를 부여하는 시공간視空間으로 개념화하고 있다. 연암의 생각을 빌려오면 안과 밖, 비움과 채움 등 이분법적인 이항 대립의 틀은 해체되어 '사이'는 구분 짓는 요소가 아니라 그 자체로 주체가 된다.

공간은 말 그대로 비어 있는 사이를 뜻한다. 하지만 그저 비어 있음은 '빌 공空'만으로도 충분할 텐데 '사이 간間'을 붙여서 쓴다. 같은 경우는 인간人間, 시간時間에서도 나타난다. 사람이 육체와 정신으로 이루어지듯 건축도 건물과 공간으로 이루어진다. 짐작하기에 '사이 간'은 거리를 두어서 이루어지는 관계, 또는 거리를 두어야 하는 이유를 함축하는 어미일 것이다. '사이'는 보통명사이지만 다른 단어와 결합하는 의존명사가 되면 다양한 의미의 개념을 생산한다. 존재를 뜻하는 추상명사가 되는 것이다.

사진
강릉 칠사당의 사이 공간

테두리

공간은 좁게 보면 둥지라는 구체적인 모양이지만 크게 보면 생활의 범위인 영역이기도 하다. 이제는 가상의 영역으로까지 공간의 개념이 확장되고 있다. 그러나 공간의 태생적인 본질은 하나다. 비어 있는 것이다. 비어 있는 공간은 경계를 이루는 테두리에 의해 형성된다. 테두리는 외부로부터 내부를 구분하고 내부를 온전히 유지하기 위한 일종의 장치다. 그러나 그 당연함으로 인해 공간은 결국 닫힌 형식을 하게 되고 그래서 공간의 경계는 안과 밖을 이분법으로 나누는 도구가 된다. 외부는 내부로 침입할 수 없어야 하고 내부는 외부를 밀봉하듯이 가려야 하는 것이다. 우리의 건축과 도시의 공간은 그렇게 만들어져 있다. 그러나 그렇게 닫고 가려서 만들어진 공간이 진정으로 안전하며 쾌적한지에 대해 쉽게 동의할 수 없다. 닫힌 공간 때문에 잃는 것은 '소통'이다. 서로의 관계는 물론 사회와, 그리고 자연과의 단절로 인해 현대의 도시와 건축은 섬처럼 따로 떠돌고 있다. 모두 이기적인 합리가 만들어 낸 기형의 공간들이다.

바람을 품은 돌집의 테두리는 느슨하게 둘러져 있다. 바람을 막는 것이 아니라 지나가게 하고, 안도 아니며 밖도 아닌 사이를 만들어 여유를 갖는 공간의 영역을 감싸게 한다. 강돌을 단단히 쌓아 닫아서 가두는 것이 아니라 성글게 놓아 열어서 풀어 놓으면 할퀴듯 부는 바람은 휘파람처럼 노래가 되고 고원의 맑은 공기가 가득 찬 공간에 빛이 가득할 것이다. 공간을 쌓은 돌은 그저 돌일 뿐 단순한 형태로 존재한다. 장엄한 자연 속에서 기교를 동원하는 것은 어리석은 일이다. 바람을 품은 돌집에서 형태는 의미가 없다.

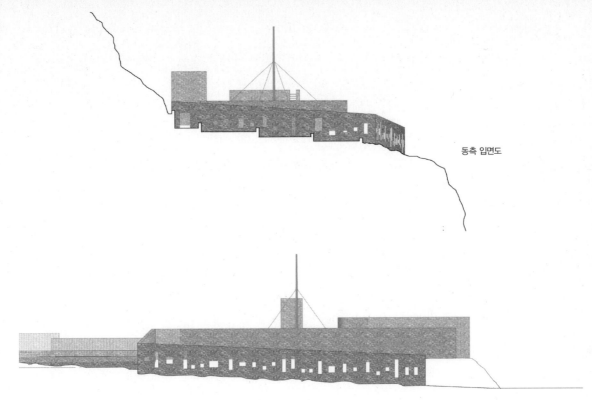

동측 입면도

북측 입면도

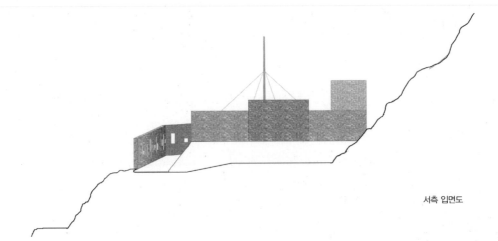

서측 입면도

형태

공간을 품고 있는 테두리는 형태를 나타내는 피질이 된다. 기능으로 형태를 풀어 낸 모더니즘 이전의 건축이 유형의 맥락으로 전개된 것은 건축의 관점이 피질의 조형에 집중되었기 때문일 것이다. 건축 이론의 전개가 형태의 분석에서 공간의 존재로 옮겨진 것은 근대에 들어와서부터이다. 근대 건축은 철과 유리로 이루어진 표피의 추상적인 감각이 재료의 질감과 표면의 장식으로 꾸며진 즉물적인 형태를 대체하며 시작되었다. 그러나 공간이 건축의 본질로 자리하게 된 이후에도 건축은 관습적으로 조형적 가치를 우선하고 있다. 물성의 현시적인 감각은 여전히 건축의 존재를 조형물로 인식하는 주제의 자리를 내려놓지 않고 있기 때문이다.

그러나 형태는 공간을 이루는 수단일 뿐 목적이거나 결과일 수 없다. 공간은 세우고 쌓는 구축의 방식을 빌어 생산된다. 공간의 형태는 구할 수 있는 재료와 동원할 수 있는 기술에 따라 다르게 나타난다. 또한 형태는 공간을 구성하는 것과 함께 저절로 결정된다. 지평선을 가없이 두른 평원과 산을 병풍처럼 두른 땅의 공간이 같을 수 없고 사계절이 순환하는 온대기후와 두 계절로 나뉘는 열대기후 역시 같은 공간을 만들 수 없다. 그렇듯이 만들어진 공간은 서로 다른 형태로 나타난다.

그것은 차이이며 다양성이다. 나아가 그것은 지역성의 증거이며 정체성을 밝히는 상징이 된다. 무스땅의 황량한 풍경을 거스르기보다 그 속으로 들어가 하나가 되려고 했다. 형태로 드러나는 것이 아니라 공간으로 존재를 보이려는 것이다. 보인다는 것은 당연히 형태이다. 그러나 확실히 해 두어야 할 것은 그것이 형태를 앞세운 결과가 아니라는 것이다. 공간은 땅과 함께 다루어지고 이루어지는 최종의 결과이다.

다시 한 번 짚어 보려는 것은 주어진 땅의 조건에 따라 공간을 형성하는 방법이 다르다면 같은 비움이라도 개념과 성격에서 차이가 있어야 하지 않을까하는 의문을 갖고 있어서다. 근대화와 함께 우리의 일상을 지배하는 논리가 되어 버린 합리주의는 공간 생성의 차이를 부정하고 공간의 본질을 획일화시키는 촉매가 되었다. 그렇다면 돌연한 계기로 모더니즘의 세례를 받아야 했고 그래서 익숙해진 명제, 공간Space의 통념을 다시 확인할 필요가 있을 것이다.

돌과 벽돌을 쌓아 올리는 조적조 건축과 달리 목재로 틀을 짜는 가구조 건축은 전혀 다른 공간 형식을 만든다. 기둥을 세워 틀을 만들고 그 안에 자유로운 벽을 둘러 공간을 담는다. 피질은 구조로부터 분리되어 완고한 테두리도 없으며 견고한 벽으로 공간을 가두지도 않는다. 구조이자 경계가 되어야 하는 조적의 경우와 달리 틀로 이루어지는 가구의 경우는 구조와 경계가 분리되어 '붙지도 않고 떨어지지도 않은' 사이가 된다. 사이는 여분餘分이 아니라 내부도 외부도 아닌 느슨한 테두리의 여유餘裕이다. 그 테두리는 하나의 공간을 마무리하는 것에 멈추지 않고 분화된 공간들을 다시 하나로 이어 엮는 방법이 된다. 개체들 간의 관계를 이어서 전체를 이루는 '사이'가 되는 것이다.

그 가운데에 큰 비움인 마당이 있다. 비어 있는 사이로서의 마당은 외부의 상태이지만 집안에 있으므로 상대적인 내부이다. 마당은 구획된 공간과 공간의 관계를 만드는 중심으로 기능한다. 그러나 내가 주목하려는 것은 마당이 보여 주는 비움의 형식이 아니라 내부의 비움과 외부의 비움을 구분하는 경계, 구체적으로는 벽의 물성이다. 안과 밖을 가르는 경계인 벽의 부피를 확대해 '사이'라는 개념으로 본다면 경계는 닫기 위한 단순 물체가 아니라 관계를 이루기 위한 사이의 실체로 사용될 수 있을 것이다.

공간이 이차원의 면적에 부피를 더한 삼차원의 존재라는 것은 보편
적인 진리이다. 또 인간이 개입하는 건축에서의 공간은 시간을 더해 사차
원을 이룬다는 것도 정설이다. 그러나 삼차원의 구체적 형식을 해체하면
공간은 풀어져 다차원의 존재가 될 수 있다. 삼차원을 이루는 피질인 경계
를 배타적 구분의 목적으로 다루는 것이 아니라 자기완성의 포괄적 수단
으로 삼는다면 어떤 결과가 될지 확인하려고 했다.

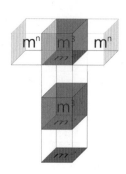

공간은 이차원의 면적에 부피를
더한 삼차원의 존재이다.

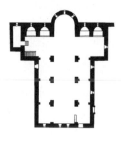 

르토르네 수도원 평면.
조적조 건축의 벽은
구조이자 경계가 된다.

독락당 평면.
목재로 틀을 짜는 가구조
건축은 견고한 벽으로
공간을 가두지 않는다.

공간共間

건축의 공간은 내부인 상태로 존재하는 것이 아니라 외부와 내부를 하나의 공간으로 삼아 땅과 함께 경영되어야 한다. 삼는 것이 아니라 아예 처음부터 안과 밖을 이분법으로 구분하지 않아야 한다. 공간은 단순히 비어 있는 사이로 풀이 되는 상태로서의 명사가 아니라 비움과 채움이 함께 있도록 관계를 만드는 동사여야 한다. 이미 익숙해 있는 공간空間의 의미를 삼차원의 것으로 한정 짓는다면 내외를 하나로 묶는 다차원의 공간은 그와 다른 의미로서 '함께 하는 사이', 즉 공간共間이 된다. 안과 밖을 하나가 되도록 함께 다룬다면 공간은 저절로 자연을 품게 될 것이며 인간과의 관계도 스스로 열어 놓을 수 있다. 닫힌 공간空間이 아니라 주체와 대상의 사이를 여의는 열린 공간共間이 되는 것이다. 건축의 가치는 형식의 유형이 아니라 공간의 존재 방식이어야 한다.

한때 서구에서 출발한 모더니즘이 국제주의라는 명분으로 세계의 건축을 몰아간 이후 이제 곳곳마다 자신의 정체성을 찾으려는 지역주의가 나타나고 있다. 현대건축의 패러다임이 전환의 시점에 있음을 강조하지 않더라도 풍토와 건축의 상관성을 찾고 표현하는 작업은 방법론 이상의 의미를 갖는다. 건축의 본질에 다가가는 것이다. 더욱이 상이한 풍토에서 자생한 특성이 다른 풍토의 특성과 만나 교류하며 융합하는 과정을 통해 서로의 장점을 수용하고 단점을 보완하는 방법을 찾을 수 있다면 전통은 고정된 가치가 아니라 진화하는 실체가 될 수 있다. 문화는 그렇게 성장하는 유기체일 것이다.

네팔의 고원, 히말라야의 무스땅, 오지의 작업에서 건축의 본질을 또 한 번 찾으려 했다. 하늘과 가까운 땅인 만큼 어쩌면 그 근원에 더 가까이 갈 수 있을 것이라는 기대와 함께 히말라야를 닮으려 했던 이 집을 '히말레스크Himalesque'라 이름 짓는다.

열대의 캄보디아 평원에서 크메르 문명의 흔적을 따라 갔던 원불교 교당 크메레스크가 인연이 되었는지 앙코르와트를 보호하는 작업이 이어지고 있고 인도의 뉴델리에 원불교 선원을 만드는 일이 기다리고 있다. 건축을 빌미로 하는 여행이 어떤 결론에 다다를지 모르나 자연과 역사로 이루어진 지구촌의 다양함을 상상하는 것만으로도 나는 흥미로운 꿈을 꾸고 있다.

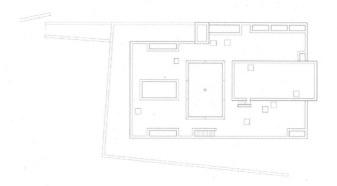

지붕층 평면도

지상층 평면도

바람을 품은 돌집에
정성을 보탠 얼굴들

※ 이 책의 지명과 인명 중 간혹 국어대사전이나 백과사전의 표기와
다른 것들이 있는데, 현장감을 위해 현지인들의 발음을 따랐기
때문이다. 사전의 표기와 다른 지명이나 인명은 아래와 같다.

가트Ghat → 가뜨

곰파Gompa → 곰빠

나가르고트Nagarkot → 나가르꼬뜨

냐타폴라Nyatapola → 냐따뽈라

데바팔라Devapala → 데바빨라

도코Doko → 도꼬

드와리카Dwarika → 드와리까

라니파우와Ranipauwa → 라니빠우아

로만탕Lo Mantang → 로만땅

룽다Lungda → 룽따

마나카마나Manakamana → 마나까마나

마차푸차레Machapuchhare → 마짜뿌츠레

마하부다Mahabouddha → 마하보우다

무스탕Mustang → 무스땅

묵티나트Muktinath → 묵띠나뜨

바산타푸르Basantapur → 바산따뿌르

박타푸르Bhaktapur → 박따뿌르

반디푸르Bandipur → 반디뿌르

사랑코트Sarangkot → 사랑꼬뜨

시엠레아브Siem Reap → 시엠립

시카라Shikara → 시까라

자르코트Jharkot → 자르꼬뜨

지야Chiya → 찌야

초르텐Chorten → 쪼르텐

초크Chowk → 쪼끄

카그베니Kagbeni → 까그베니

카타Khata → 까따

칼리 간다키Kali Gandaki → 깔리 간다끼

케니Kheni → 께니

코방Kobang → 꼬방

쿠마리Kumar → 꾸마리

쿰베쉬와르Kumbheshwar → 꿈베쉬와르

타르마디Tarmadhi → 따르마디

타르초Tharchog → 따르초끄

타추팔Tachupal → 따쭈빨

타탄족Thatan → 타딴족

타토파니Tatopani → 따또빠니

타칼리족Thakali → 타까리족

타크 콜라Thak Khola → 타끄 코라

탄센Tansen → 딴센

텐바Tenbha → 뗀바

투날라Tunala → 뚜날라

투쿠체Tukuche → 뚜꾸쩨

툭파Thukpa → 뚝빠

트리부반 국제공항Tribhuvan International Airport
→ 뜨리부반 국제공항

티카Tika → 띠까

파슈파티나트Pashupatinath → 빠슈빠띠나뜨

파탄Patan → 빠딴

판다Panda → 빤다

포카라Pokhara → 뽀카라